LA ADOLESCENCIA

Edad crítica

LA ADOLESCENCIA

Edad crítica

MARIANO GONZÁLEZ RAMÍREZ

Copyright © EDIMAT LIBROS, S. A.

ISBN: 84-9764-307-0
Depósito legal: M-48679-2002
Fecha de aparición: Febrero 2003

Colección: Guía de padres
Título: La adolescencia
Autor: Mariano G. Ramírez
Diseño de cubierta: El ojo del huracán
Impreso en: LÁVEL

IMPRESO EN ESPAÑA – *PRINTED IN SPAIN*

Del manantial nace el río puro e inocente. Él no sabe qué le espera hasta llegar al mar. Dentro de sí y en su larga travesía, tendrá que descubrir otras vidas, otros mundos y horizontes. Sólo él sabe, sin saberlo, que es agua de la vida y sin saberlo tampoco, no es consciente que de sus aguas depende el verdor de los árboles, el vuelo de las aves, el aire, las nubes, la lluvia... la eterna adolescencia.

PRÓLOGO

Los expertos dicen que la adolescencia es el periodo evolutivo comprendido entre la niñez y la edad adulta. Cronológicamente sería la edad comprendida entre los doce, los dieciocho y los veinte años. Otros indican una preadolescencia (9-10 años), adolescencia (11-18 años), posadolescencia (18-22 años)

Cuando hablamos de adolescencia, tratamos de las modificaciones psicológicas. La pubertad hace referencia a las modificaciones anatómicas y fisiológicas. Y la juventud trata de la proyección social y las actitudes de la gente joven.

Este libro lo escribo desde la experiencia del padre que llega al final de la adolescencia de sus hijos, que es una de las fases más difíciles e importantes de la evolución del ser humano. He dicho «final de la adolescencia», pero muchas veces dudo que esta etapa de la vida tenga final, porque con el resurgimiento del ser humano adulto se empieza un largo camino de transición y rebeldía en la búsqueda insistente de la auténtica identidad y la inquietud acompasada de transformar también la realidad existente.

Son muchos los seres humanos con una fuerza imparable en el proposito de cambiar las estructuras que la historia ha ido sedimentando desde el egoísmo perverso. Da la sensación de que la propia evolución quiere destruir y renovar, en beneficio del equilibrio universal, todo aquello que el hombre ha sometido por puro egoísmo. Es como si la sabiduría natural se negara a seguir los caminos que la propia familia y la artificialidad del ser humano quiere imponerle, y provoca, a partir del final de la infancia, una ruptura total con todas las falsedades. El ser humano a esa edad quiere emanciparse y busca nuevos horizontes donde poder proyectar su personalidad.

Las revoluciones son provocadas por espíritus inconformistas que albergan la cristalina pureza del niño y las armas emocionales y destructivas del odio y la ira del adulto. Donde hay palabras dañinas y escalofriantes, hechos llenos de ira, resentimientos, violencia, injusticia… se crean angustias vitales que desencadenan desequilibrios y violencia destructiva. La capacidad cerebral de los niños es inmensamente sensible y perfecta en su funcionamiento. Cuando llega el momento preciso y toma conciencia de sus capacidades y la necesidad de emanciparse, sus palabras devuelven la furia que recibió y sus hechos desencadenan destrucción, como si una fuerza brutal le impulsara a limpiar todo aquello que se ha interpuesto en su camino sin *amor*. Y surge un joven arrollador, sin experiencia, que trata de cambiar las cosas para que sean de otra forma, ¿mejor? ¿peor? La cuestión es llevarse por delante la incomoda e injusta vida, planteada por los adultos de siempre. Muchos adolescentes cambiarían la historia y se llevarían por delante autopistas, empresas, iglesias, gobiernos... todo ese mundo torpe, lo arrojarian a los abismos de la nada, para que la gloriosa naturaleza siguiera su curso con toda normalidad.

Te preguntarás: ¿qué tipo de libro es este? Bueno, quizá sea algo muy personal, porque yo a mis cuarenta y seis años sigo siendo un adolescente rebelde e ingenuo defensor de causas perdidas y me moriré así. No quiero cambiar, porque desde esta mentalidad es posible mantener los ideales nobles, aquellos en los que los adultos no vuelven a creer más. Si yo cambiara me convertiría en un manso corderito al servicio de la «normalidad» infectada de odio, egoísmo y deshumanización.

Entendiendo de esta forma nos damos cuenta del papel tan importante que debemos ejercer los padres y la sociedad entera, en la edad más tierna e importante: *la infancia*.

Carmelo Monedero, Doctor en Medicina y Doctor en Filosofía y letras, dice:

«De todas formas hoy en día no creo que sea necesario acentuar la importancia de la crisis de la adolescencia, cuando estamos asistiendo a una protesta generalizada de la juventud, que se niega a aceptar el mundo que le proponen sus mayores.

El adolescente lucha por identificarse, en contra de la difusión de su propio papel. Los niños son responsabilizados desde muy pronto y tienen ocasión de asistir a los acontecimientos más importantes de la propia vida, como pueden ser la muerte, el nacimiento y las relaciones sexuales. La crisis de los adolescentes de nuestros países occidentales estaría provocada fundamentalmente por una falta de continuidad: el niño irresponsable pasa, sin solución de continuidad, a ser adulto y padre responsable. El brusco cambio somático unido al brusco cambio de situación vital haría de la adolescencia una etapa de verdadera crisis.

En las últimas décadas la investigación psicoanalitica ha ido destacando progresivamente la importancia de los factores sociales que, como hemos visto, resultan determinantes del desarrollo psicológico del niño, máxime en una etapa que se caracteriza preferentemente por sus problemáticas emocionales».

No todos los adolescentes reaccionan de la misma manera y prolongan sus inconformismos a lo largo de toda su vida. Esto es lo que se ha dado en llamar «inmadurez». Sin embargo cuando se pierde la frescura, la espontaneidad y los seres humanos se someten a la farsa del sistema, es a lo que se llama «madurez o entrar por el aro». La mayoría entra en esta fase de adaptación y se funden con la realidad sin protestar, aunque las calles, todos los días, estén sembradas de muertos. Esta es la «normalidad» y lo que se entiende multitud de veces por madurez. Todos los adolescentes deben aceptar, para ser normales, lo que dicen los científicos, los sociólogos...:

«Una sociedad normal es la sociedad eficaz que resuelve todos sus problemas financieros. Los individuos que no se adaptan a este tipo de vida son marginales y por consiguiente posibles enfermos mentales»

Y tienen razón. Según están las cosas, ningún adolescente puede descuidar formarse un tipo de mentalidad agresiva y competitiva para hacerse un hueco en la sociedad y adquirir capacidad financiera para poder resolver todos los problemas que trae consigo la complejidad del abrumador entramado social. Toda la nobleza del niño adolescente tiene que sucumbir a las normas y el orden establecido y además comprender que se nace para ganar, como lo más importante de su vida.

Todos los padres de estos tiempos nacimos y nos educaron para vivir mejor y más cómodamente. La vida sin recursos económicos nos somete a estar continuamente en una peligrosa cuerda floja que nos puede precipitar al desequilibrio mental si las cosas se complican mínimamente. Los pobres no tienen ni siquiera dignidad y muchos infunden temor a sus hijos para que el día de mañana no sean «unos muertos de hambre».

—Ves, si no estudias ni te preparas serás un desgraciado como ésos —señalando a los infelices mendigos.

Y es verdad, pero en los ultimos tiempos surgen muchos inconvenientes incluso para los más preparados. Y el miedo mina la salud de niños y adolescentes, y muchos se incapacitan para seguir, porque un cerebro tenso deja de evolucionar con normalidad envenenándose del negativismo del estres. A los niños y jóvenes se les está sometiendo a la angustia y la tensión en el presente, para tener un futuro confortable. Y siempre hay que pagar un alto precio por el ritmo trepidante de estas sociedades neuróticas que no van a ninguna parte.

Desde que se empezaron a reestructurar estas sociedades de la mentira, nuestros padres, los padres de nuestros padres y nosotros, inculcamos desde la infancia la necesidad de que nuestros hijos estudiasen, sobre todo, para que no pasaran calamidades en la vida, que traducido, significaba, capacidad para conseguir un puesto de trabajo y ganar dinero y nivel social; cuanto más mejor. Pero la naturaleza humana no resiste todas las imposiciones artificiales de los hombres, y muchísimos adolescentes se rebelan y entran a formar parte de ese grupo marginal que dice la verdad sin temer las consecuencias y que por desgracia al final caen a los pies de los que tienen dinero suplicando unas monedas para poder como mínimo comer. Caen en la depresión y son posibles enfermos mentales que siguen diciendo la verdad. «Sólo los locos y los niños dicen la verdad.» ¿Quién fue el sabio que llegó a comprender profundamente la gran mentira social

13

para formar esta frase con un sentido tan profundo? Si esta sociedad tuviera dos dedos de frente, daría una oportunidad a todos los profundos adolescentes de todas las edades llenos a rebosar de verdad y de energías de la vida, para que sirvieran como alarma social con el objetivo de despertar tanta dormidera inhumana y mercantil. Estas sociedades necesitan pensadores que hagan un análisis profundo del mal que padecemos.

Como veis, siempre estoy con la misma cantilena. En todos los libros quiero mostrar mi rebeldía de adolescente, porque he llegado a conclusiones objetivas muy importantes, que mucha gente entenderá. Y los padres, sabiendo las consecuencias que puede traer una educación obsesiva e impregnada de agresividad, puedan poner remedio para la evolución sana de sus hijos.

La transición de la niñez a la edad adulta está marcada por el signo de la rebeldía en aquellos niños que han sido maltratados por la propia familia. Esta etapa de la vida es el momento en el que el ser humano tiene la oportunidad de liberarse y disparar su odio y toda su ira demostrando así el gran poder de su juventud. Las semillas de la violencia sembradas en el interior del niño brotan con virulencia, salpicando y desestabilizando todo.

Cuando el ser humano ha pasado su propia adolescencia y ha podido ver y sentir de cerca la de sus hijos, con el espíritu del padre que ama e investiga, es posible que pueda escribir un libro desde su propia experiencia. Quizá su visión sea muy particular, pero no cabe duda que del día a día surgen profundas reflexiones que pueden servir de ayuda a muchos padres cuyos hijos son pequeños y que sin remedio tendrán que pasar por duras pruebas a las que sus hijos los someterán sin remedio. Un padre que ha amado profundamente desde la infancia, no tendrá que temer nada pues las simientes sembradas en las mentes de sus hijos siempre lo recordarán desde el amor que recibieron. El equilibrio emocional es la gran herencia y el tesoro con el que los niños fortalecerán su autoestima, creando la fuerza del guerrero para abrirse paso ante las dificultades.

Hoy en día, los hijos y los padres lo tenemos muy difícil, porque las nuevas generaciones absorben muchas influencias negativas del ambiente consumista y superficial de las sociedades mal llamadas del bienestar, olvidando el verdadero significado de la vida; pero es inevitable que la realidad destruya o construya una personalidad madura y abierta.

La observación del mundo actual puede enloquecer. Su diversidad y la disparidad de comportamientos atontan, distraen y nos hacen olvidar incluso nuestra naturaleza esencial. La gente se disfraza por dentro y por fuera como no queriendo saber nada del mundo que les rodea ni de ellos mismos. El ser humano está pasándolo mal y sobre todo el niño o la niña que se hace hombre o mujer y percibe con asombro la locura colectiva que se cierne ante sus ojos. Las necesidades son muchas y pocos los recursos económicos para resolverlas. Las noticias bombardean continuamente. Sucesos violentos y angustiantes sacuden al mundo entero. Unas veces es la naturaleza, otras el propio hombre el que provoca la inseguridad. La mayoría de las veces es el ser humano el que siembra la confusión y el desasosiego por sus propios medios, egoísmos e intereses. Los cerebros de nuestros hijos se han empapado desde su infancia de confusión y negativismo. Es mucha la información y poca la que pueden procesar sus cerebros para entender. Muchos son los que se desentienden de la avalancha terrorífica. Otros adolescentes, por su desarrollo prematuro, consiguen ver con sus ojos inocentes el gran maremagno de sus semejantes y no consiguen comprender las causas que motivan un mundo tan dispar y disparatado. Unos dicen unas cosas y otros otras. Lo que para unos es ciertamente la verdad, para otros ciertamente es la mentira. Lo blanco es negro para unos y lo negro para otros es blanco. La educación se tambalea y no ofrece garantías ni seguridad alguna de que todo aquello que se dice sea verdad. La inestabilidad ideológica siembra la mayoría de las veces el desconcierto. No existe la seguridad ni fuera de la familia ni dentro. El mundo es inseguro. La enfermedad y la muerte son las auténticas verdades de la vida, y el adolescente tiene que asumirlo y llegar a un punto de equilibrio y adaptación que se llama «madurez» y que en definitiva es una falsa forma de ser que se ha inventado el ser humano como adaptación a un medio inhóspito. Pero, ¿algún ser humano será capaz de llegar a un estado de conciencia donde pueda convencerse de haber llegado a ser normal? Pues, ¿qué es la normalidad?

La adolescencia es un despertar del cuerpo y la mente y muchos se encuentran con semejantes que quizá se conviertan en enemigos críticos y envidiosos. Las emociones se disparan y no dejan vivir en paz y sosiego al alma quebradiza de aquel adolescente que no quiere aborregarse y sólo busca el equilibrio y la paz como única salida al torbellino espeluznante de la vida.

Por otra parte, lo único que perciben los jóvenes son sus derechos, y las obligaciones, para ellos no tienen ninguna importancia. «Yo no le pedí a nadie que me trajera a este mundo.» Cuando oigo esta frase me hace pensar en el egoísmo tan acerbado del adolescente y su ignorancia. ¿Qué ser humano ha pedido venir a este mundo? Y es que muchas veces la confusión es grande y se olvidan del proceso ancestral del mundo en el que viven.

¿Todas las adolescencias son iguales? ¿Qué tiene que cambiar dentro del niño para transformarse en adulto? ¿Cuándo termina la fase de la infancia y empieza a vislumbrarse lo que será la edad adulta? ¿Qué es la madurez?

Cuando en el colegio de mis hijos nos explicaban los cambios que tenían lugar en las diferentes edades por las que estaban pasando, no era consciente de la importancia que tenían esos cambios, ni terminaba de creerme que la mentalidad de mis hijos evolucionaba y que de ella dependería su futura personalidad. Mis hijos crecían físicamente y en su interior se operaba una evolución que en gran medida no podía comprender, ni siquiera verla con mis propios ojos. Hay padres ciegos y yo era uno de ellos. Aunque me esforzaba por comprender, mi capacidad no era suficiente para asimilar aquellos cambios. Con el tiempo pude ver mi ceguera y las oportunidades de que privé a mis hijos por culpa de la ignorancia. Ahora sé, la importancia que tienen los padres para con sus hijos y el significado profundo que adquieren sus vidas, cuando somos preceptores que saben encauzar la vida de aquellos que nacen llenos de riquezas, en el amplio sentido de la palabra. Porque la vida del ser humano viene con potenciales inimaginables, que sabiendo encauzar y desarrollar, producirán una personalidad de base equilibrada.

Unos buenos padres son aquellos que aman de verdad y se preparan para asumir la profesión más difícil e importante del mundo, y a la que muy pocos conceden importancia. Hay que amar mucho para poder ver con detalle las necesidades de nuestros hijos y saber educar sus impulsos emocionales con pensamientos reflexivos. Hay que tener mucha paciencia y compromiso para poder observar con objetividad el largo proceso de una vida que nace. Porque entre la niñez y la edad adulta existe una *edad crítica* de cuyo resultado dependerá la personalidad de nuestros hijos.

Parece mentira, pero la vida te enseña, y sobre todo cuando nuestros errores son como bombas estremecedoras en las bocas y las acciones de nuestros hijos. En esos momentos ya no hay remedio, sólo reflexionar sobre nuestros errores y tratar de ser humildes y *maduros en la no violencia* para poder vencer, creciendo en el amor, las emociones desbocadas por el resentimiento que surge del interior del joven herido.

La adolescencia es una etapa de la vida de rebeldía y tenemos que saber por qué se produce. A los padres se nos viene encima como un huracán muchas veces soberbio, desmedido y egoísta que hay que vencer desde el respeto y el *amor*, porque nunca es tarde para hacerles reaccionar.

EL AUTOR

CAPÍTULO I

LA PUBERTAD

Sirva este capítulo para comprender al adolescente desde el cambio que experimenta todo su cuerpo. La mente va adquiriendo forma y un nuevo equilibrio, desde la estructura psíquica anterior de la infancia. El niño, a una edad aproximada de doce años, experimenta un movimiento interno desde el hipotálamo, que pone en marcha procesos hormonales que determinarán la aparición de la pubertad.

Ésta no aparece en todos los niños a la misma edad. En las niñas suele darse a los trece años y la primera eyaculación del niño tiene lugar aproximadamente a los trece años. El medio geográfico y social influye, así como vivir en un medio rural o en una ciudad. Aunque en la actualidad, la abundancia informativa de temas sexuales excitaría más la sensibilidad de los niños madurando antes su capacidad reproductora. Pero la realidad es que la pubertad se acelera en las regiones más calurosas y en las grandes ciudades y se retrasa en los países más fríos y en el campo.

El cuerpo del niño antes de llegar a la pubertad sufre una serie de transformaciones o cambios somáticos para desarrollar su capacidad reproductiva. En esas fases todavía no es posible la fertilidad. En un momento determinado se alcanza la maduración, que trae como consecuencia toda una transformación y un nuevo equilibrio, basado en la estructura determinada y formada a lo largo de la infancia.

Causas que producen la transformación psico-somática del adolescente

Las hormonas son sustancias químicas producidas por diversas glándulas de secreción interna, que vertidas en la circulación sanguínea ejercen su efecto en lugares más o menos apartados del organismo. Cada hormona, producida por una glándula, tiene una acción específica que se consigue incluso con dosis muy débiles. Son biocatalizadores, es decir, sustancias que influyen acelerando o retardando las reacciones físico-químicas, pero sin intervenir directamente en ellas. A la especificidad de la acción que provocan hay que unir las de su fórmula química y su origen, puesto que siempre proceden de las mismas glándulas.

El sistema nervioso controla las diversas funciones del organismo a distancia por medio de sus conexiones; el sistema hormonal también controla las funciones somáticas a distancia, vertiendo sustancias químicas en la circulación que son capaces de influirlas. A su vez las glándulas endocrinas que producen las hormonas tienen una inervación simpática y parasimpática, por lo que están controladas por el sistema vegetativo, aunque las glándulas endocrinas pueden funcionar también sin inervación.

Además del control vegetativo y central, las mismas glándulas endocrinas se regulan y organizan mutuamente. En lo que nos interesa a nosotros ahora hemos de tener en cuenta que la hipófisis controla la función del tiroides, de las suprarrenales y de las gónadas. La hipófisis está ligada al cerebro por muchas vías nerviosas que influyen sobre ellas, y también es sensible a secreciones hormonales del cerebro que llegan a ellas a través de fibras nerviosas o a través de los vasos sanguíneos...

Desde el punto de vista de su acción sobre el organismo las hormonas tienen una influencia determinante tanto en la configuración del cuerpo como en su fisiología. Los caracteres que diferencian a un sexo del otro son consecuencia de acciones hormonales.

Las hormonas influyen también decisivamente en el crecimiento. La metamorfosis de los batracios está controlada por el tiroides. También la muda y la metamorfosis de los insectos está controlada por hormonas. Pero esto no ocure solamente en el reino animal; muchos procesos de crecimiento en los vegetales superiores también dependen de acciones hormonales.

Además de influir en la morfología, las hormonas determinan gran cantidad de procesos fisiológicos. El metabolismo está influido continuamente por acciones hormonales, lo mismo que toda la fisiología correspondiente a las funciones de reproducción. También, ya en el plano psíquico, las hormonas actúan decisivamente en el comportamiento instintivo. En los animales la existencia del instinto sexual depende del nivel hormonal. La forma de acción de estas hormonas sexuales sería central, directamente sobre el sistema nervioso central, y periférica, sobre los órganos genitales, aumentando su excitabilidad. En el psiquismo humano las hormonas también ejercen una gran influencia sobre el temperamento.

Las hormonas no actúan de una forma aislada, sino que existe una especie de equilibrio hormonal en el cual el aumento o la disminución de una acción hormonal determinada trae como consecuencia una variación del nivel de todas las demás.

Según Pendel, en los casos que predomina la acción del tiroides (hipertiroideos) nos encontramos con individuos físicamente altos y delgados, de cabello abundante, ojos brillantes, pubertad precoz... Desde el punto de vista psíquico serían individuos rápidos, superemotivos, irritables, poco constantes, impulsivos...

Cuando la acción tiroidea es insuficiente nos encontraríamos con el temperamento hipotiroideo. Somáticamente es un individuo que tiende a la adiposidad, de cuello corto y grueso, de piel seca... Psíquicamente se manifiesta apático, deprimido, de mentalidad analítica, bradipsíquico...

Si la acción de la hipófisis predomina, nos encontrariamos con el temperamento hiperpituitario. Somáticamente muestra un buen desarollo, rostro cuadrado... Psíquicamente son personas de inteligencia bien formada, impulsivas, agresivas, pero de buen dominio racional.

El hipopituitario es el individuo infantil, tanto desde el punto de vista somático como del psíquico. Es la persona que no ha terminado de madurar.

Sería muy largo explicar todo el proceso sobre las hormonas, pero con esto basta para comprender su papel intermediario entre las funciones somáticas y las psicológicas. Este papel se cumple perfectamente en la crisis de pubertad. Son precisamente los cambios hormonales los que provocan todas las transformaciones somáticas de la pubertad y, desde el punto de vista psicológico, dan lugar a una revolución instinto-afectiva, que será la que determine secundariamente los caracteres de la adolescencia.

La crisis puberal comienza en el momento que la hipófisis entra en funcionamiento y excita las diversas glándulas endocrinas.

La hipófisis es un órgano que se encuentra en la parte inferior del hipotálamo. Se distinguen tres partes. La hipófisis posterior o neurohipófisis está en relación con el núcleo paraventricular del hipotálamo y con el parasimpático del tronco encefálico. La hipófisis actúa en estrecha correspondencia con el sistema nervioso, tanto en el sentido de dejarse influir por él, como de influirle.

DR. CARMELO MONEDERO

CAPÍTULO II

INCONSCIENTES DEL CAMBIO, CIEGOS EN SUS IMPULSOS, REBELDES, RESENTIDOS...

Muy pocos adolescentes son conscientes de su pubertad. Sienten que todo su cuerpo se está alterando, pero no se dan cuenta del cambio. Sólo cuando ven su imagen en fotografías pueden apreciar la gran diferencia entre su niñez y adolescencia. Pero los más sensibles perciben que sus cuerpos crecen y con ellos cambia su forma de sentir la vida y que ésta depende de muchos factores circunstanciales. Por una parte están las leyes de la propia naturaleza, que en la mayoría de los casos funciona perfectamente, y en otras se producen desagradables sorpresas, como la homosexualidad y multitud de deformaciones físicas y mentales.

El cuerpo y los caracteres físico-químicos del niño se transforman poco a poco en los del adulto. Su vida psicológica cambia al tener que dar cabida dentro de ella a su sexualidad. Pero, ¿qué tipo de sexualidad? ¿Qué tipo de tendencias se generarán? ¿Qué tipo de adulto será?

Todo el proceso es una incógnita de la propia naturaleza del niño que se hace hombre. La mente infantil desde su nacimiento, se acomodó a las sucesivas etapas y la adolescencia será la definitiva para terminar un crecimiento biológicamente programado. Como resultado final de esta situación inestable, se produce la neurosis o la psicosis como consecuencia de lo que podemos llamar también nuevo desequilibrio.

El hombre o mujer adulto seguirá la evolución que sigue a su niñez. En términos generales podemos decir que en la pubertad el niño de constitución asténica terminará siendo aún más asténico; el de constitución atlética, aún más atlético, y el de constitución pícnica será el que varíe menos, puesto que sólo alcanzará su verdadero tipo pícnico ya en la madurez. La pubertad acentúa los tipos constitucionales.

Sin embargo, muchos adolescentes viven esta etapa de la vida con profundo temor. No se fían y se vuelven negativos. Observan todo lo que ocurre a su alrededor y en muchos casos cuando se encuentran con la diversidad física y tantas formas de ser, su atención se centra en todo aquello que la sociedad repudia. Son muchos los adolescentes que se fijan en los aspectos negativos, y éstos les producen temor. Han tenido tiempo suficiente para aprender que su sociedad discrimina a unos y ensalza a otros por diferentes motivos (desgarbados, torpeza, gordos, flacos, negros, enanos, minusválidos, homosexuales, feos...) ¿Será él uno de ellos y sufrirá el desprecio de sus semejantes? Le inunda un profundo temor a ser ferozmente criticado y marginado por los demás. Porque la realidad que ve con sus propios ojos es terriblemente impactante. Son muchos los inconvenientes y puede apoderarse de él o de ella la angustia y los complejos. Son muchas las circunstancias desfavorables que pueden desencadenar desequilibrios físicos y psíquicos y el adolescente que es consciente de su fragilidad, puede imaginar lo peor, por todas las causas que pueden truncar el desarrollo normal de su cuerpo y de su psiquismo. Es una etapa de la vida que crea mucha inseguridad hasta llegar a lo que entendemos por madurez física y mental.

Inseguridad y sufrimiento son dos palabras que se funden en todas las vidas humanas, porque todos, unos más y otros menos, nos sentimos así. Pero la vida, a medida que caminamos nos va llenando de otras compensaciones que hacen posible la existencia. Sólo aquellos que descubren las inmensas riquezas de nuestros cuerpos y nuestras mentes, serán capaces de desviarse de la trayectoria de la inseguridad y el miedo. Esos son los aspectos que tenemos que enseñar a nuestros hijos, valor y coraje para descubrir, más allá del miedo, los espacios mentales y vitales que esperan crecer y desarrollarse.

La ceguera de los impulsos y la consciencia social

Una vez que se ha salido del periodo de latencia, el adolescente tiene que integrar su sexualidad madura y alcanzar una forma adecuada de satisfacerla. Y se lanza a la búsqueda de su amor. Tanto él como ella empiezan a sentir sus cuerpos vibrando. La mujeres empiezan a vestir de una manera atractiva, se maquillan y se lanzan a la aventura de encontrarse con el sexo opuesto o con su propio sexo, en una explosión ciega de instinto básico y emociones, donde el sentido de la importancia del propio yo se infla de poder y vanidad. Sigmund Freud dijo que todo lo que hacemos los seres humanos tiene dos causas originarias: el impulso sexual y el ansia de grandeza (la sexualidad la veremos más adelante) Por este motivo los adolescentes se rebelan con prepotencia ciega contra toda imposicion familiar, desligándose, en muchos casos violentamente, de la familia. Muchos van más allá y atacan a la sociedad entera, en la que ven la viva imagen de la estructuras represivas de la familia. En muchos casos se unen a otros adolescentes formando pandillas; juntos quieren imponer su voluntad; para ellos todo lo que existe necesita ser renovado. Es como si surgiera un nuevo cuerpo y unas nuevas energías potentes y atrevidamente renovadoras. Por este motivo la adolescencia es una edad básica para crear nuevas concepciones de la vida. Nuevos sistemas en los que se renueve la sociedad entera. Sus impulsos son atrevidos aun sabiendo que no tienen experiencia, porque más vale la nobleza que la experiencia corrupta. Ante una familia y una sociedad falsas, explotan los sentimientos sinceros en forma de revoluciones. Los adolescentes son capaces de crear su propia ideología y remover durante un tiempo a toda la sociedad. El mayo francés de 1968 es un claro ejemplo. Este tipo de adolescente es excepcional y surge después del desarrollo de muchas capacidades intelectuales y de una conciencia de necesidad de arrasar con todas las injusticias. El valor de la ingenua nobleza es arrolladora, surgida de los valores ancestrales que determinados individuos perciben con profunda latencia.

Pero todos los adolescentes no son iguales... Hoy día y como siempre, me imagino, la diversidad es la tónica general; cada individuo tiene unas circunstancias hereditarias y otras que la propia vida se encarga de generar y son las que llevan a los seres humanos a ser de una forma o de otra. En general existe una evolución completa y cada individuo adquiere unos rasgos personales e individuales que le diferencian de los demás, alcanzando una maduración de todas las facetas de su personalidad.

La inteligencia operativa ya se dispone hacia el mundo de los mayores para integrarse a su forma de vivir. Pero sucede que el mundo de los adultos, en muchos casos, es un claro ejemplo al que no hay que integrarse y hay que combatir por sus injustas incoherencias. O como mínimo, su vida será distinta. Más perfecta a su forma —piensan ellos—. El adolescente que toma conciencia de la realidad familiar y social adulta se da cuenta de que es un conglomerado de mentiras e intereses; vanidades y absurdos planteamientos inhumanos a los que hay que hacer frente con razones evidentes y desde los sentimientos puros. Aquellos que son conscientes de que la existencia del ser humano se centra en la desilusión de la humanidad hacia una época mecánica, con una filosofía contraria a la vida, donde lo cerebral ha avanzado a pasos agigantados para la destrucción de lo que ellos consideran esencial, como son los afectos y el bien de la humanidad, son los que se ponen manos a la obra para construir un mundo distinto y más justo. Cuando este tipo de adolescente se da cuenta de que el aspecto emocional noble, el respeto y la dignidad, son aplastados y quedan olvidados como innecesarios, se generan resentimientos que despiertan los sentidos para investigar y alcanzar conocimientos para combatir la patológica normalidad social. A él, desde la familia, la escuela y la universidad, le enseñaron a ser bueno y se encuentra un mundo mezquino y desolador. El espíritu noble del adolescente que sufre al ver el despectivo y deshumanizado mundo, aumenta su conciencia emocional, para crecer hacia campos no violentos, olvidados como insignificantes y son las estructuras esenciales con las que la naturaleza se apoya para edificar su equilibrio. (Estos adolescentes son los que creen en ideales que hay que llevar a la acción.)

Los crímenes y las guerras, todos son causados por las emociones. La sociedad adulta no ejerce control alguno sobre sus emociones y huye de ellas o las envuelve en irrealidades sobrenaturales. No puede entender que las soluciones están en el equilibrio emocional. Darse cuenta del significado que existe entre amar y odiar. El ser humano que despierta a tantas contradicciones no tiene más remedio que rebelarse o claudicar. La mayoría de ellos se sumergen en una profunda soledad y abandono, optando por refugiarse al calor de la amistad de verdad (si la encuentran) y de la familia (si en ella reciben amor) cuando son capaces de valorar su significado profundo. En otros casos toman el camino fácil de la evasión sexual, el alcohol, las drogas... Muchos caen en la depresión y el suicidio.

Un adolescente es algo muy serio con el que los padres tienen que contar. Es muy importante percibir y apreciar su mundo, porque quizá nuestros hijos sean los que pongan en práctica *la gran utopía* de hacer un mundo mejor.

El niño que ha sentido amor auténtico y crece en el seno de la conciencia del equilibrio afectivo a lo largo de su vida y llegando a su edad adulta es consciente de la aberrante sociedad, toma sus propias decisiones de adaptación: porque no tiene más remedio, adquiere las características sociales (es lo que se hace con normalidad), se margina o desarrolla sus capacidades para combatir, con argumentos, a la sociedad entera. Esos adolescentes se convierten en eternos adolescentes revolucionarios. Un claro ejemplo lo tenemos en políticos, escritores y artistas, comprometidos con la evolución de la sociedad, desde la verdad. Pero si en algún momento se adaptan al sistema mercantil inhumano, dejan de ser los impulsores de la utopía de la nueva sociedad. Todos conocemos a muchos «doncamilos» soberbios, arrogantes, déspotas... por el hecho de haber conseguido éxito y fama vanos, y el poder del dinero. En el terreno literario hizo acto de presencia el romanticismo, que fue un movimiento muy adolescente. Parece ser que la literatura es algo que carece de importancia por tener quizá una carga de imaginación muchas veces desvinculada de la realidad. Los deseos nobles humanos son concebidos por la imaginación como novelas cuyas historias, muchas, son extraídas de la realidad y se desvinculan de esa misma realidad como una fotografía. Percibi-

mos la realidad muchas veces a través de imágenes fotográficas o textos literarios, pero no nos
damos cuenta del proceso de la vida. Es como si
la crudeza inhumana de la realidad donde está su-
mergida la sociedad, no pudiera ser traspasada por
nadie para ver la negra sangre interesada y egoísta que recorre sus venas. Y es el adolescente el
que ante ese muro infranqueable, opta por aco-
meterlo con sus idealismos nobles, para derribarlo,
pero al final casi todos se hacen invisibles y lo
traspasan como espíritus mansos y arrepentidos,
sometidos al grupo que tiene el poder mercantil y
les da dinero para comer y cubrir todas sus necesidades. Por dinero o por un sueldo todo el mundo
destruye todos sus convencimientos nobles, clau-
dicando ante el sistema, e incluso destruyendo los
valores que humanizan. Las necesidades nos es-
clavizan y la solución está en crear un orden de
prioridades. Entre comer y morir, prefiero comer
de la forma que sea, incluso pasando por encima
de los cadáveres de mis semejantes. Entre vivir
incómodo y la comodidad y el lujo prefiero tener
seguridad, tranquilidad, vacaciones y todo el consumo cubierto, antes que decir una palabra más alta
que otra, como denuncia y defensa de una igual-
dad necesaria, para que los perversos poderosos y
su terrible e injusta prepotencia dejen de existir.
Pero tampoco esta es la verdad total, porque por

fortuna hay muchas almas adolescentes que siguen gritando sin miedo a perder sus puestos de trabajo. Son una minoría, pero ahí están desafiantes, auténticos valientes y todo el mundo se admira de su frescura y su genialidad. Pueden ser jóvenes adultos o personas mayores, que hablan y comunican con sinceridad lo que les dicta el corazón lleno a rebosar de poderosas razones. Son los jóvenes y los viejos los que están más desvinculados del sistema y pueden traspasar con sus verdades la tiranía de la lógica del interés amancebado.

La mentira

En una sociedad atiborrada de mentiras, resulta muy difícil ser sinceros y sobre todo que te crean. Cuando se miente parece que toda la sociedad respalda la mentira y la verdad es que en toda mentira existe la ignorancia del perjuicio que les causamos a nuestros hijos. Cuando me hice consciente de esta verdad y que yo estaba envuelto en ese mal, tenía que cambiar. Me fue muy difícil vivir la vida erradicando del todo esas mentiras, por temor. Porque todos nos hemos acostumbrado desde nuestra infancia a mentir por temor a las reprimendas o al castigo. En la mayoría de los hogares impera el miedo por unas circunstancias o por otras y no sabemos, que si se elimina aquél, la mentira desaparece.

Muchas veces mis hijos me han mentido, ocultando un hecho que me disgustaba. Era preferible falsear la verdad, para no recibir el azote de mi ira desaprobando su comportamiento. Con el tiempo me doy cuenta de todos mis defectos y siento pena por no haber podido controlar mi vida y la de mis hijos desde la verdad y el amor. Todo se aprende con el tiempo, pero muchas veces ya es tarde para rectificar. Aunque nunca es tarde para cambiar.

Siendo conscientes de que nuestra sociedad se engalana de mentiras, por la apariencia de la buena educación, y se muestra hipócrita por compromiso e intereses, entiendo por qué fui así. Entiendo por qué muchos sonríen a la pura fuerza. Yo soy incapaz y entiendo también mi aislamiento, porque ahora no soporto las verdades a medias.

Contamos mentiras por exigencias sociales y hacemos de nuestra vida una mentira, y lo peor de todo, exigimos a nuestro hijos que siempre digan la verdad y sean buenos atemorizándolos si son de otra manera. Mucha hipocresía, ¿no? «¡Que viene el hombre del saco si no te comes la comida! ¡Que viene la policía y se lleva a los niños malos! ¡Si haces eso Dios te va a castigar! ¡Si pegas a tu hermanita irás al infierno!», como se decía habitualmente hace tiempo. Y el niño crece entre mentiras siendo siempre obligado a decir la verdad y a ser bueno. «Si eres malo los reyes no te van a traer nada», mientras los padres finjen un mundo de irrealidades y de imaginaciones.

Se miente sobre el sexo. Se crean historias inverosímiles sobre la vida y la muerte.

Me acuerdo cuando hice la primera comunión. El pecado más gordo era el sexo. Yo le confesé al cura mil y pico pecados, tan sólo por haberme tocado el pito. La mentira del pecado, y concretamente el sexto mandamiento (no cometerás actos impuros), era una represión que creaba sentimientos de culpabilidad profundos. Fueron y son muchos los enemigos de la vida y el sexo. Unos padres que creen sinceramente en la vida con toda su enorme grandiosidad, no necesitan mentir, y de esta forma el niño y el joven aceptan la libertad con responsabilidad, rechazando el absurdo «papel del oso» de toda la sociedad. Cuando los niños no han tenido represión moral, ni mentiras respecto al sexo, alcanzan una adolescencia sana.

Es curioso, pero muchas mentiras se dicen para impresionar. Hay padres que mienten sobre sus temores. Se hacen valientes ante sus hijos para diferenciar sus papeles, porque un padre o una madre que demuestran sus miedos se acercan a la debilidad, y ellos no tienen que ser débiles como sus hijos. Tienen que marcar bien el abismo que existe entre el padre y el hijo para que no se menoscaben su dignidad y su superioridad.

¡Cuántas cosas!, ¿verdad? Y los hijos crecen y cuando se dan cuenta de tantas mentiras, unos siguen mintiendo como papá y mamá y la sociedad estúpida, y otros se rebelan con todas sus fuerzas por haber sido víctimas del engaño.

A. S. Neill dice: «Recientemente, una profesora de mi escuela pasó a enseñar en un *kinder* de londres, Sus pequeños alumnos le preguntaron de dónde venían los niños. A la mañana siguiente, media docena de madres furibundas se presentaron ante ella para denostarla de "perra sucia" y exigir su dimisión.

Las iglesias perpetúan la mentira de que el hombre nace en pecado y que necesita redimirse.

La ley, por su parte, mantiene la mentira de que la humanidad puede superarse mediante el odio, en forma de castigo; y los médicos y laboratorios sostienen la mentira de que la salud depende de drogas inorgánicas, inoculaciones, vacunas y operaciones. Desde luego resulta difícil a los pobres padres ser sinceros, cuando miente toda la sociedad.»

[A. S. Neill nació en Forfar, Escocia. Dedicó su vida a llevar a cabo, a pesar de muchas desilusiones y ultrajes, una radical reforma de los sistemas educativos de su época. Un hombre que ha llevado luz y amor a los hogares y a las escuelas en donde antes reinaban miedos y tiranías.]

CAPÍTULO III

DISCIPLINA DESDE EL AMOR EN CONTRAPOSICIÓN CON LA DISCIPLINA DEL ODIO

Una mala educación crea resentimientos e inseguridad en el adolescente

La fuerza del adolescente y del adulto radica en su niñez. La deformación del adolescente y del adulto también comienza en la cuna, porque ningún ser humano puede liberarse por completo del primer trato recibido. Los temores de la infancia ya no se pueden borrar y viven en la sombra y ningún razonamiento puede erradicarlos. La tragedia del ser humano radica en que su carácter puede ser moldeado. Los niños, durante su niñez, son moldeados por los amos: sus padres, los profesores, la televisión, los compañeros... Pero lo más horroroso es que, como los perros, los seres humanos son domesticados por las instituciones y la familia.

¡Qué sentimientos de culpa me embargan al pensar en todas las equivocaciones que cometí con mis hijos! No puedo evitar conmoverme por todo el daño que les hice siendo inconsciente de los destrozos que producen la ira desatada y sin control. Yo era un hombre consciente de ser bueno, pero multitud de veces incapaz de dominar mis impulsos emocionales. Mi egoísmo fue grande y muy irascible por menudencias. Era consciente del daño que se le podía producir a los pequeños, pero me mantenía en la inmadurez desquiciante del padre ocupado en sus asuntos como lo más importante. No era consciente del *Dios de las pequeñas cosas,* me olvidaba de los pequeños detalles que contruyen el gran edificio de la vida. ¿Qué significa un ladrillo en un gigantesco edificio? Y sin embargo, gracias a los miles o millones de ladrillos es posible el volumen y la materialidad del edificio. ¿Qué significa un gesto simple de odio o un gesto simple de amor? Y sin embargo, nuestra vida está constituida de estas emociones, con las que vivimos en la mayoría de los casos, inconscientemente, no concediéndoles la importancia que tienen y el efecto que produce en nuestros hijos.

Al niño que se golpea emocionalmente, se le producen serios daños y en la adolescencia brotan las semillas de la violencia encendidas de ira.

El control emocional de los padres es el equilibrio emocional de los hijos, pero esto parece imposible, todos tendemos a gritar con desesperación por nuestros problemas. En multitud de ocasiones son las circunstancias económicas penosas las que desequilibran los hogares. Las familias que padecen el paro se vuelven agresivas, se deshumanizan... Las que tienen dinero son ciegas e insensibles para comprender situaciones humanas elementales. Las críticas encendidas y la deshumanización pueden destruir la esencia del equilibrio armónico emocional. En muchos hogares frívolos conceden mayor importancia a los muebles y la limpieza. Un niño es un estorbo y esas familias al final obtienen lo que han sembrado, cuando ese niño se hace adolescente. Con normalidad se genera un monstruito que los coloca muchas veces en su sitio. Los rechaza por haber sido desnaturalizado y carente de importancia en muchos aspectos. El adolescente problema arranca de la niñez, cuando éste es maltratado por innumerables situaciones.

A. S. Neill decía: «Recientemente, muchos días vi cómo una madre sacaba a su niño de tres años vestido impecablemente al jardín. Empezó éste a jugar con tierra y se manchó ligeramente. La mamá salió corriendo, le pegó y le metió en casa, para sacarle de nuevo con otro traje también impecable. Diez minutos bastaron para que se ensuciara nuevamente, y se volvió a repetir la misma escena anterior. Pensé decirle a la madre que su hijo la odiaría eternamente, así como a la vida misma; pero me di cuenta de que nada de lo que dijera cambiaría las cosas.

En cada pueblo o ciudad que visito, jamás he dejado de ver que un niño de apenas tres años tropiece y se caiga sin que sea regañado por su mamá por haberse caído. Asimismo, es raro el caso en que al tomar el tren no oiga a una madre exclamar: «"Si sales otra vez al corredor vendrá la policía para llevarte."»

La mayoría de los niños son criados entre mentiras y prohibiciones estúpidas.

Abundan también las madres que en su casa tratan bastante bien a sus niños, y sin embargo, les gritan y castigan en público por temor al qué dirán. Desde un principio se fuerza al niño a adaptarse a una sociedad demente. Tan es así, que hace poco, en un pequeño pueblo inglés, comenté: «¿Se dan cuenta, ustedes, las madres, de que cada vez que golpean a su hijo no hacen más que mostrar su odio hacia él?» La reacción fue tremenda, fui imprecado con fiereza, y cuando más tarde expresé mi opinión sobre cómo mejorar la atmósfera religiosa y moral en el hogar, el público demostró gran placer en sisearme.

No hay razón alguna para ocultar que me causó gran desazón esa actitud, pues estoy acostumbrado a dar mis conferencias ante un auditorio que generalmente está de acuerdo con mis ideas; pero esta vez el público lo constituían personas de la clase media y obrera que nunca antes habían oído nada de psicología infantil.

A través de su reacción me pude dar idea de lo bien amurallada que se encuentra la compacta mayoría que está en contra de la libertad de los niños... y de ellos mismos.

El niño tiene derecho a usar toda clase de ropa y a que le importe poco el que la ensucie o no, así como a gozar de plena libertad de expresión.

Durante años he estado oyendo a los niños desahogarse profiriendo toda clase de vocablos crudos que tenían prohibidos. Reitero que todo niño tiene derecho a vivir su propia vida, pero no así a perturbar la de sus propios padres y que es la tarea más difícil de padres y maestros: saber diferenciar la libertad del libertinaje.

El niño mal criado es aquel al que los padres le han permitido todo. Mi esposa y yo hemos aprendido a captar la voz de nuestra hija, la nota que significa un intento de intimidación hacia nosotros. En verdad son pocas las veces que emplea tal tono, pero si cediéramos, la echaríamos a perder en menos de lo que canta un gallo.

Debemos evitar que el niño sienta temor o sentimientos de culpabilidad, aunque él en sí no pueda eliminarlo. Es altamente recomendable combatir en el niño el temor impuesto, es decir, el temor al castigo, a la ira o la desaprobación paterna. Asimismo se debe desterrar el sentimiento de culpabilidad, ya que éste se debe a la conciencia, formada por causas externas al individuo.

La disciplina en el medio familiar

La disciplina es un medio para obtener un fin. Cuando necesitamos que la familia esté unida y con fuerza, necesitamos estar convencidos de que esta finalidad merece la pena. El espíritu de un hogar feliz es el mismo que existe en una orquesta donde cada músico obedece al director y todos están interesados en obtener una buena ejecución. Es también similar a la disciplina de un equipo de fútbol, donde todos obedecen unas reglas y se integran para ganar al equipo contrincante.

Un hogar infeliz, sin embargo, es aquel donde existe la anarquía y la falta de amor, donde cada cual hace lo que le viene en gana interfiriendo en la libertad de los demás. En una familia infeliz también puede haber disciplina, pero ésta se puede comparar a la de los cuarteles o las empresas, donde sólo interesa dominar a través de la ira y el odio. En muchos colegios todavía se utiliza un principio de autoridad caduco, para someter a sus alumnos al mismo ambiente de los cuarteles, creándose la imagen ingrata, autoritaria y distante del director y el profesor que muchas veces por miedo se infla de importancia para generar temor.

En todo hogar es necesaria la disciplina, porque los niños que llegan a la adolescencia respetando los derechos individuales y cumpliendo los deberes para con los demás, son modelos de conducta. No hay que olvidar nunca que nuestra libertad termina donde empieza la de los demás y esto se consigue con los valores de la vida.

En un hogar donde reina el respeto y el amor, la disciplina se establece por sí sola. La vida se desarrolla en una relación de dar y recibir. Los padres y los hijos son colaboradores en todas las tareas hasta la edad adulta. La rebeldía en el hogar surgirá, pero será muy dulce en comparación con otras familias amargadas sin orden ni concierto, donde las frustraciones, el odio, la escasez económica... destruyen la paz y el equilibrio.

La disciplina autoritaria en el hogar siempre es un fiel reflejo del odio acumulado por uno mismo. Los adultos que fracasan pretenden que los hijos logren lo que ellos no alcanzaron. Con razón podemos afirmar que cuando imponemos una estricta y violenta disciplina repercutirán después de una forma desfavorable en toda la sociedad. Las energías nobles será relegadas por bajas y destructivas pasiones. Las fuerzas puras y creativas del adolescente para transformar la sociedad desde el respeto y la no violencia, se sustituyen por la maldad y el bandolerismo. La afirmación de la personalidad es extrema en estos adolescentes ávidos de independencia, generadores de negativismo agresivo y de conflictos.

Ningún niño obediente por la fuerza bruta podrá llegar a ser un hombre o una mujer libre. El padre que no ama destruye los sentimientos y crea monstruos resentidos. La amenaza amedrenta y como la bomba atómica crea temor y una paz artificial. La disciplina férrea castra la voluntad de los niños, y éstos, por efecto del crecimiento en todas sus formas en la adolescencia, reafirman su libertad de una forma salvaje. Los conflictos agudos, la rebelión y en muchos casos los crímenes son las consecuencias de una represión malvada en el seno familiar.

La fe, el aprecio, el respeto, el amor... a la personalidad interior del niño, potenciará su voluntad para llegar a ser lo que se proponga en la vida. Estos niños, alrededor de los dieciséis años, afirman su libertad de manera positiva, en una acción personal creadora en muchos casos sobresaliente.

Establecer en el hogar una disciplina consiste en tener libertad para hacer lo que uno quiera pero sin interferir en la libertad de los demás. Es importante que los padres sepan lograr que el niño o el muchacho se autodiscipline y eso no quiere decir que haga lo que le dé la gana. Por supuesto que no hay que permitirlo. El niño debe saber obedecer, pero asimismo es obligación nuestra obedecerle en el caso que se requiera. En el hogar los padres tienen que respetar para ser respetados y controlar para no ser controlados, porque la pérdida del control emocional es motivo de alarma en nuestros hijos, porque tenemos que saber que los niños son sabios y rápidamente aceptan las leyes de carácter familiar y social.

Cuando mandamos a un niño, hemos de tener en cuenta la ocupación que tiene en ese instante y ponernos en su lugar. Si está concentrado en su juego favorito, una orden tajante es algo parecido a una explotación, y la mayoría de los niños están siendo explotados sin darles la importancia que se merecen.

«Tráeme esto; tráeme lo otro; vete a por aquello; vete a por lo otro... Y si no vas, castigado todo el fin de semana en tu habitación.» ¡Cuántas veces deberíamos ser castigados nosotros los adultos por los propios niños. Por la cantidad de defectos y faltas de amor que cometemos! Pero prevalece la fuerza bruta y la importancia de ser padre y adulto.

Un niño es como un animal inferior poco importante para muchos que ignoran que ese ser crece y por dentro puede ser una bomba de agresividad. Claro que luego las consecuencias vienen con la adolescencia: nos pegan la patada al más mínimo cambio. Y después vienen los enfrentamientos llenos de ira desatada, los insultos y la falta de respeto. Está claro que si se enseña amor y equilibrio, recibiremos amor y equilibrio. Si sembramos odio y menosprecio, recogeremos los frutos perversos de nuestras malas acciones.

Muchos padres, cuando golpean o castigan a sus hijos en extremo irritados, piensan que ese niño olvidará con el tiempo, y qué equivocados están, porque todo se quedará grabado en lo más profundo del subconsciente como una semilla de violencia que saldrá a flote con terrible virulencia.

Ahora me acuerdo cuando tenía doce o trece años, mi padre me dio varios correazos con el cinturón por una trastada que hice. Durante mucho tiempo guardé con resentimiento aquellos momentos. No se lo perdoné hasta que fui mayor y pude analizar las circunstancias dramáticas que le llevaron a ese extremo violento. Me acuerdo que cuando rezaba, pedía a Dios por todos y mi padre se quedaba el último, o le anulaba con rabia. Le odiaba, era cierto, y a la vez era motivo de sufrimiento para mí. Meses después se marchó a Alemania, y no sé por qué razón, no pude despedirme de él; aquello fue motivo de mucho sufrimiento, me acuerdo que lloré largas horas su ausencia y mi alma de niño quedó marcada con un sentimiento de culpabilidad muy grande.

Cuando fui adolescente toda mi rebeldía la cargué contra él, pero era más poderoso su arrepentimiento y el amor que sentía por mí, mi madre y mis hermanos. Laureano volvió de nuevo a mi alma con más fuerzas todavía, porque aquel padre era otro; un profundo ser humano bueno y sensible, arrepentido de todas sus equivocaciones. Un ser profundamente necesitado de amor y cariño y a la vez generador de emociones nobles y profundas. Aquello me liberó del odio y pude volverle amar con profundo respeto.

El miedo debe ser erradicado por completo, porque lo único que puede prosperar en una atmósfera de miedo, es el odio. Yo tengo la experiencia de mi hija. Algunas veces, desafortunadamente, le falté al respeto e incluso se llevó algún tortazo. Me dejé llevar también como mi padre de las circuntancias adversas y del descontrol. En su adolescencia muchas veces me recordó aquellos momentos con ira y resentimiento descontrolado. Le pedí perdón muchas veces y al igual que mi padre pasé a valorar a mi hija en profundidad, dándome cuenta de mi terrible equivocación, y que lo único importante era el amor y el aprecio sincero a toda su vida. Quizá tuvo ella la culpa y había que llamarle la atención y al orden de alguna manera, pero cuando nos de-

sorbitamos perdiendo el control y nos encende-
mos de ira y de odio, los padres adquirimos toda
la responsabilidad en esos precisos momentos,
convirtiéndonos para nuestros hijos en los má-
ximos culpables; los malos y los seres más odia-
dos. Hasta que el tiempo y nuestra superación
personal en el amor, nos transformen para ser
amantes profundos de nuestros hijos y de nuestra familia.

Muchas veces es injusto el comportamiento
de un hijo, y se merece no solamente un tortazo
sino una buena paliza, pero semejante comportamiento es de índole fascista. Los dictadores vo-
ciferan e incluso maltratan o matan, para conseguir que sus órdenes sean cumplidas. Muchos
hogares están regidos por auténticos dictadores
o dioses inflexibles que exigen la perfección,
pero, ¿ésta existe? ¿Son ellos acaso seres perfectos, o los sembradores de cizaña, que provoca
violencia desatada y destrucción, las crueles revoluciones sanguinarias, y las guerras?¿Esa es
la perfección de las dictaduras familiares y de
Estado?

Nos empeñamos en enseñar la perfección de
los buenos modales; que se comporten bien e
incluso que traten de agradar hipócritamente,
cuando esto tiene que salir de ellos con toda espontaneidad, porque la autenticidad del niño así

lo requiere. Un niño sabe distinguir a una persona falsa de otra que no lo es, y él es incapaz de ser falso. En esto tienen el mismo instinto que los animales, porque son seres auténticamente puros, que utilizan sus sentidos y su atención controlada, solamente para la autenticidad de sus acciones.

Disciplina y emociones

La disciplina en el hogar es muy difícil, cuando se desconocen las consecuencias que traen las

emociones negativas. Un hogar sin conciencia de las emociones está abocado al fracaso. En ocasiones los niños aprenden lecciones muy profundas cuando no se tienen en cuenta sus sentimientos. Si los padres ignoran u olvidan que la ira y los resentimientos constituyen todo un aprendizaje emocional y que determinan la personalidad del adulto, no tendrán límites sus expresiones desalentadas. Muchas veces piensan que dando voces encolerizadas los niños aprenderán mejor sus lecciones e ignoran que la vida familiar es el primer lugar donde los niños aprenden a expresar sus emociones y sentimientos y se sienten a ellos mismos. El niño aprende a reaccionar ante los sentimientos y a conocerlos.

Daniel Goleman dice: «Hay cientos de estudios que demuestran que la forma en que los padres tratan a sus hijos —ya sea la disciplina más estricta, la comprensión más empática, la indiferencia, la cordialidad...— tiene consecuencias muy profundas y duraderas sobre la vida emocional del niño, pero, a pesar de ello, sólo hace muy poco tiempo que disponemos de pruebas experimentales incuestionables de que el hecho de tener padres emocionalmente inteligentes supone una enorme ventaja para el niño. Además de esto, la forma en que una pareja maneja sus propios sentimientos constituye también una verdadera eneñanza, porque los niños son muy permeables y captan perfectamente hasta los más sutiles intercambios emocionales entre los miembros de la familia. Cuando el equipo de investigadores dirigidos por Carole Hooven y John Gottman, de la universidad de Washington, llevó a cabo un microanálisis de la forma en que los padres manejan las interacciones con sus hijos, descubrieron que las parejas emocionalmente más maduras eran también las más competentes para ayudarles a hacer frente a sus altibajos emocionales. En esa investigación se visitaba a las familias cuando uno de sus hijos tenía cinco años de edad y cuando éste alcanzaba los nueve años. Además de observar la forma en que los padres hablaban entre sí, el equipo de investigadores también se dedicó a investigar la forma en que las familias que participaron en el estudio enseñaban a sus hijos a jugar a un nuevo videojuego, una interacción aparentemente inocua pero sumamente reveladora del trasiego emocional entre padres e hijos.

Algunos padres eran autoritarios, impacientes con la inexperiencia de sus hijos y demasiado propensos a elevar la voz ante el menor contratiempo; otros descalificaban rápidamente a sus hijos tildándoles de estúpidos, convirtiéndoles así en víctimas propiciatorias de la misma tendencia a la irritación e indiferencia que consumía sus matrimonios. Otras, por el contrario, eran pacientes con las equivocaciones de sus hijos y les dejaban jugar a su aire en lugar de imponerles su propia voluntad. De esta manera, la sesión de videojuegos se convirtió en un sorprendente térmometro del estilo emocional de los padres.

El estudio demostró que los tres estilos de parentaje emocionalmente más inadecuado eran los siguientes:

— *Ignorar completamente los sentimientos de sus hijos.* Este tipo de padres considera que los problemas emocionales de sus hijos son algo trivial o molesto, algo que no merece la atención y que hay que esperar a que pase. Son padres que desaprovechan la oportunidad que proporcionan las dificultades emocionales para aproximarse a sus hijos y que ignoran también la forma de enseñarles las lecciones fundamentales que pueden aumentar su competencia emocional.

— *El estilo "laissez-faire".* Estos padres se dan cuenta de los sentimientos de sus hijos, pero son de la opinión de que cualquier forma de manejar los problemas emocionales es adecuada, incluyendo, por ejemplo pegarles. Por esto, al igual que ocurre con quienes ignoran los sentimientos de sus hijos, estos padres rara vez intervienen para brindarles una respuesta emocional alternativa. Todos sus intentos se reducen a que su hijo deje de estar triste o enfadado, recurriendo para ello incluso al engaño y al soborno.

— *Menospreciar y no respetar los sentimientos del niño.* Este tipo de padres suelen ser muy desaprobadores y muy duros, tanto en sus críticas como en sus castigos. En este sentido pueden, por ejemplo, llegar a prohibir cualquier manifestación de enojo por parte del niño y ser sumamente severos ante el menor signo de irritabilidad. Estos son los padres que gritan —¡No me contestes!— al niño que está tratando de explicar su versión de la historia.»

Por suerte hay padres que quieren entender a sus hijos. Estos padres conectan y les dan importancia a las emociones de los niños y tratan de entender la causa de sus disgustos y les ayudan a buscar soluciones a los momentos de angustia. Estos padres comprenden mínimamente a diferenciar los sentimientos. Saben cómo puede sentirse su hijo cuando está triste, porque ellos han sentido la tristeza; de esta forma pueden empatizar en lo más profundo del alma infantil y desde esa dimensión tratarán a sus hijos con profundo respeto. Son padres que profundizan para entender procesos más sutiles, como saber que el enfado es una respuesta de algún sentimiento herido.

El impacto en los hijos, cuando sus padres son buenos progenitores, es ciertamente extraordinario. El proceso de maduración hacia la adolescencia se desarrolla en base a una alta estima de sí mismos; se relacionan mejor, experimentan menos tensión en la relación con sus padres y el amor hacia ellos es más intenso. Controlan sus emociones, saben calmarse más adecuadamente y son más estables que los demás niños, que padecen la mediocridad de sus padres.

La educación no es cosa sencilla

Tener conciencia de la dificultad de la educación es despertar a la necesidad de aprender. Ser padres es un oficio muy difícil y no hay escuelas que nos enseñen a comportarnos con nuestros hijos. La mayoría aprendemos sobre la marcha del día a día y cuando nuestros hijos se hacen mayores nos damos cuenta de los innumerables errores que hemos cometido por culpa de nuestra ignorancia y la falta de auténtico amor.

Es cierto que la vida ajetreada que vivimos nos condiciona incluso a no poder pensar y llegamos a casa, después de una dura jornada de trabajo, cansados, derrotados e incluso abatidos y saturados de problemas. Nuestros hijos, si han sido educados desde su más tierna infancia con cordura emocional, sin exageraciones ni sobresaltos, y desde la capacidad empática para comprender y dar importancia a sus sentimientos, reaccionarán bien y serán nuestra alegría, porque el niño que ha sido tratado desde la conciencia de las emociones positivas, se habrá disciplinado a sí mismo desde muy temprana edad y no requerirá ninguna medida disciplinaria represiva.

Unos amigos míos tienen una hija de cuatro años. Le han prohibido asomarse a la terraza de la cocina porque se ha desprendido parte de ella y es peligroso. La niña respeta y entiende la decisión de sus padres porque confia en ellos. La prohibición no ha sido provocada desde el odio sino desde la ternura y la niña confía en sus padres. Ella no se acerca y los padres no tienen la menor preocupación de que vaya hacerlo.

Los padres que inculcan una disciplina a base de miedo y autoridad vivirán intranquilos en unas condiciones semejantes. Los niños en estos casos están tan acostumbrados a que se les mienta, que cuando la madre les dice que es un peligro salir a la terraza, no la creen, y por espíritu de contradicción, por rebeldía, se acercan y ocurre lo peor. Es innecesario mentir. El niño que recibe un trato de superior a inferior manifestará su odio a la autoridad causando molestias a su padres. Verdaderamente, gran parte de la mala conducta de los niños proviene de darles un trato inadecuado. Si existe amor en el hogar, el niño equilibrado acepta la voz de la sabiduría; pero si en él mora el odio, el niño no acatará ni la más leve de las indicaciones, o en caso de aceptar las cosas será en forma negativa, haciéndose destructivo, deshonesto y descarado.

La neurosis que conmueve al mundo empieza con la imposición de la disciplina paterna en todos sus aspectos, pero ante todo en el sexual. El futuro de la humanidad depende muy profundamente de la actitud que adopten los padres

en el seno de la familia. La autoridad represiva arruina la energía vital de sus hijos produciendo adolescentes agresivos llenos de odio, y el crimen, la guerra y el sufrimiento irán en aumento. Esta actitud destruye el amor y se pierde la unión familiar que tan necesaria es en estos días de vacío existencial. Perder el amor de nuestros hijos es lo más grave que puede suceder, porque ellos no pueden amar lo que temen. Los niños son sabios, de ahí que den amor por amor, pero también odio por odio.

Reaccionan bien cuando se les plantea una disciplina de equipo cuyo objetivo consiste en vivir mejor, cada uno cumpliendo con sus obligaciones en un intercambio de emociones ancladas en la verdad, el amor y la alegría, que es la fuente de la vida.

La disciplina autoritaria hace aflorar todo lo malo que hay en la naturaleza humana. Se puede asegurar que el ser humano no es malo en su esencia. Ningún animal es malo, pero bastará con encadenarlo y maltratarlo para que se convierta en un animal fiero y agresivo. A los niños les pasa igual; bastará con disciplinar con odio a un niño bueno y sociable para que se transforme en un hipócrita, lleno de odio.

También los malos se pueden transformar en buenos en un medio hospitalario.

A. S. Neill dice: «Durante veintisiete años he conocido bastantes niños malcriados y con odio, y todos, al gozar de la libertad de mi educación, han experimentado un cambio gradual, transformándose en seres amigables, sociales, sinceros y felices. En tiempos pasados creí que eran mis tratamientos psicológicos los que les hacían cambiar, hasta que descubrí que los que no aceptaban el tratamiento también se convertían en buenos ciudadanos. *El medio sano es el que cura casi todos los problemas del niño,* y eso es lo que quiero que comprendan los padres: que si el ambiente en el hogar es favorable, el odio y la destructividad en el niño desaparecerán por completo.»

Amor y egoísmo

Erich Fromm también nos enseña que el amor a los demás y el amor a nosotros mismos no son dos alternativas. Por el contrario, en todo individuo capaz de amar a los demás se encontrará una actitud de amor a sí mismo. El amor, en principio, es indivisible en lo que atañe a la conexión entre objetos y el propio ser. *El amor genuino constituye una expresión de la productividad, y entraña cuidado, respeto, responsabilidad y conocimiento.* No es un afecto en el sentido de que alguien nos afecte, sino un esforzarse activo arraigado en la propia capacidad de amar y que tiende al crecimiento y la felicidad de la persona amada.

Amar a alguien es la realización y concentración del poder de amar. La afirmación básica contenida en el amor se dirige hacia la persona amada como una encarnación de las cualidades esencialmente humanas. Amar a una persona implica amar al ser humano como tal.

La persona egoísta sólo se interesa por sí misma, desea todo para sí misma, no siente placer en dar, sino únicamente en tomar. Considera el mundo exterior sólo desde el punto de vista de lo que puede obtener de él; carece de interés en las necesidades ajenas y de respeto por la dignidad e integridad de los demás. No ve más que a sí misma; juzga a todos según su utilidad; es básicamente incapaz de amar. El egoísmo y el amor a sí mismos, lejos de ser idénticos, son realmente opuestos. El individuo egoísta no se ama demasiado, sino muy poco; en realidad se odia. Tal falta de cariño y cuidado por sí mismo, le deja vacío y frustrado. Se siente necesariamente infeliz y ansiosamente preocupado por arrancar a la vida lo que él se impide obtener. Parece demasiado preocupado por sí mismo, pero en realidad sólo realiza un fracasado intento de disimular y compensar su incapacidad de cuidar su verdadero ser. Freud sostiene que el egoísta es narcisista, como si negara su amor a los demás y lo dirigiera hacia sí. Es verdad que las personas egoístas son incapaces de amar a los demás, pero tampoco pueden amarse a sí mismas.

Es más facil comprender el egoísmo comparándolo con la ávida preocupación por los demás, como la que encontramos, por ejemplo, en una madre sobreprotectora. Si bien ella cree conscientemente que es en extremo cariñosa con su hijo, en realidad tiene una hostilidad hondamente reprimida contra el objeto de sus preocupaciones. Sus cuidados exagerados no obedecen a un amor excesivo al niño, sino a que debe compensar su total incapacidad de amarle.

Esta teoría de la naturaleza del egoísmo surge de la experiencia psicoanalítica con la «generosidad» neurótica, un síntoma de neurosis observado en no pocas personas, que habitualmente no están perturbadas por ese síntoma, sino por otros relacionados con él, como *depresión, fatiga, incapacidad de trabajar, fracaso en las relaciones amorosas, etc.* No sólo ocurre que no consideran esa generosidad como un síntoma; frecuentemente es el único rasgo caracterológico redentor del que esas personas se enorgullecen.

La persona generosa no quiere nada para sí misma; sólo vive para los demás, está orgullosa de no considerarse importante. No hay nada que lleve más a un niño a la experiencia de lo que es la felicidad, el amor y la alegría, que el amor de una madre que se ama a sí misma.

Meister Eckhart ha sintetizado magníficamente estas ideas: «Si te amas a ti mismo, amas

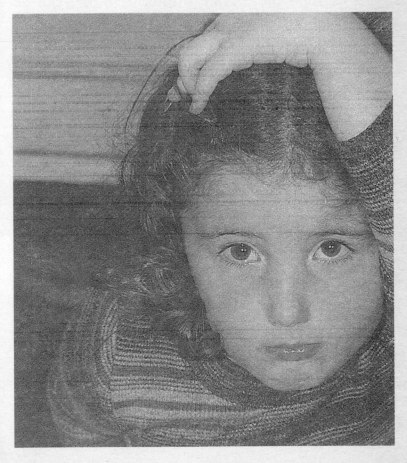

a todos los demás como a ti mimo. Mientras ames a otra persona menos que a ti mismo, no lograrás realmente amarte, pero si amas a todos por igual, incluyéndote a ti, los amarás como una sola persona y esa persona es a la vez Dios y el hombre. Así, pues, es una persona grande y virtuosa la que amándose a sí misma, ama igualmente a todos los demás.»

El gran problema del mundo actual es que se está olvidando de amar y desaparecen como por arte de magia las capacidades afectivas saludables de relaciones humanas. Los padres se olvidan de amarse entre sí y amar a sus hijos con fidelidad. Destruyen la oportunidad que la vida ha puesto en su camino para estar alegres y gozar de tantas oportunidades como la naturaleza sabia ha creado para ellos y que dan sentido a la existencia entera. Todos hemos entrado en un escepticismo preocupante, y en gran medida, estamos secando la semillas que podrían crecer en nuestro interior para dar brillo y esplendor a nuestro Ser auténtico, que tiene capacidad para amar de verdad.

CAPÍTULO IV

LA SEXUALIDAD

Los cambios hormonales provocan en el adolescente desequilibrios. A esta edad el niño se aísla encerrándose en su mundo interior. Son muchos los sufrimientos y nostalgias de su niñez los que le invaden y a la vez su vida se llena de esperanzas y expectativas. La angustia y los miedos se apoderan de él. Su yo está en peligro. Algo extraño ocurre que no puede reprimir. Son los impulsos de su libido, fuerzas que le producen excitación y definidas situaciones de placer.

La excitación continua de sus genitales le provoca fantasías estimulantes y sin saberlo su propia naturaleza le lleva a la necesidad de relacionarse con la hembra para la perpetuación de la especie. Chico y chica se atraen mutuamente y viven su sexualidad de una forma diferente. Lo que en el joven es acción en ella es ternura; lo que en el joven es deseo de satisfacer sus impulsos básicos externos y de placer, en ella es interior, más emocional y ligada al amor. Son dos actitudes diferentes ante la vida porque cada cual tiene un papel, el que la propia naturaleza les ha dotado. Pero el destino biológico diferente en el hombre y la mujer, tiende en los momentos actuales a uniformarse. La forma de enfocar la vida desde una educación u otra, incide mucho en los comportamientos y por este motivo las sociedades que caminan hacia la libertad sexual tratan de emanciparse a las barreras, diferencias y discriminación de los sexos. Pero de lo que no hay duda es que el papel de lo masculino y femenino está concebido desde sus rasgos psicológicos y mentales esenciales Sus físicos son distintos y han sido creados para dos funciones diferentes: el hombre fecunda y la mujer es fecundada.

Evolución sexual y rivalidad

El niño y la niña que llegan a la adolescencia sienten el vigor de una energía latente de siempre en ellos, pero que de una forma consciente y especialmente en esta edad, se revitaliza, y cada cual se identifica con sus propias tendencias no carentes de temor y ansiedad.

Los adolescentes ya no son niños indefensos. Físicamente se hacen adultos y tienden a emanciparse de sus padres e incluso se hacen rivales.

Las disputas y peleas violentas surgen por doquier porque se consideran unos incomprendidos. El descontrol emocional se manifiesta día a día en muchos hogares que descuidan y menosprecian los auténticos valores de la vida. Los padres tienen que comprender que en estas circunstancias es imposible una buena relación con sus hijos. Es imposible pedirles que se superen, porque no van a entenderlo. Se apodera de ellos un egoísmo poco común que les ciega. Siempre son ellos y por delante ellos, ellos, ellos...

Es una época en verdad difícil para toda la familia y los padres tienen que soportar esta dura prueba de fuego a la que muchos adolescentes les someten.

Desde el punto de vista humano es injusto, pero todo en la vida tiene un significado. Sirve para algo si sabemos aprender la lección. Si sabemos captar los aspectos positivos, aprenderemos, tanto ellos (nuestros hijos) como nosotros.

En esta edad, muchos adolescentes consideran que los padres ya no sirven para nada y a los que hay que olvidar. ¿Esta es la tendencia general? Desde luego ese rasgo es común en casi todos ellos, pero no cabe duda que cada individuo tiene capacidad de reflexión y voluntad para emanciparse a las circunstancias adversas y del mal que provocan, si son conscientes de sus actos.

No cabe duda que en todos los adolescentes hay un cambio profundo y unas reacciones de emancipación. Unos se muestran resentidos y violentos, mientras que otros se hacen mínimamente conscientes de sus reacciones y tratan de superarse. La mayoría se aleja de casa y forjan amistades. Para ellos su grupo de amigos y amigas adquiere una importancia vital, mientras que los padres en muchos casos son tratados despectivamente como viejos. Esta reacción y todas las demás reacciones son síntomas evidentes de su desarrollo psicosomático. Todas sus energías de pronto son canalizadas hacia un gran volumen físico. Sus sentimientos de superioridad son evidentes. Los nuevos jóvenes se presentan prepotentes y rebeldes porque sienten sus capacidades infladas de energías. Sienten que son grandes. Sus mentes lo cubren todo, lo ven todo... y a la vez son incapaces de poder ver su insignificancia dentro del conjunto. La sexualidad y el sentido de la importancia son dos aspectos arrolladores y de los que los jóvenes se dejan llevar.

La masturbación

En el joven la excitación sexual se concentra en el pene. El exceso de energía sexual les lleva a la mayoría a masturbarse muy frecuentemente.

En las chicas parece ser menos frecuente, pero también es normal en este periodo de su vida. La idea de que esta actividad crea enfermedades es una falacia que hay que desterrar; la masturbación es saludable cuando se siente la necesidad de descargar ese exceso de energía acumulada por los estímulos y la propia naturaleza del cuerpo humano. Sin embargo un especialista como Carmelo Monedero explica:

«Una masturbación excesiva puede ser consecuencia de desequilibrios psíquicos, que se manifiestan en esta forma ansiosa. El niño se masturba porque tiene unas energías que debe liberar y, a causa de sus represiones anteriores, no está en condiciones de liberarla en una relación objetal. La masturbación sería excesiva cuando sobrepasa en frecuencia las necesidades de liberación de la tensión biológica y representa ya una forma de elaborar conflictos psíquicos angustiosos. También en este caso la masturbación cumple la misión de dar una solución a los conflictos, y no debe ser reprimida, sino sustituida por una adecuada solución de los conflictos que la provocan. El adolescente en este periodo no tiene por qué liberar todas las energías libidinosas en la masturbación, sino que puede sublimarlas en tareas de mayor rango social. En realidad, esto ya sucede automáticamente. El adolescente se siente angustiado ante la sexualidad naciente y la sublima en forma de sentimientos o emprendiendo diversas tareas: ejercicios, estudios, actividades culturales y religiosas...»

La masturbación libera y también supone, para muchos jóvenes, multitud de problemas en su moralidad. La ignorancia represiva creó una educación de claros matices malignos por conveniencias sociales e hizo de algo natural un tabú que pasó de generación en generación a través de la herencia o de las tradiciones. El joven de estas características encuentra que su sexualidad es algo malo, pero ya lo sabía desde la infancia, porque su entorno familiar y social se encargaron de darles avisos de muy diversas maneras. Si los mayores prohíben a los niños tocarse porque consideran que eso está mal, el niño o la niña empiezan a encontrar que algo raro ocurre con sus genitales e inconsciente e incomprensiblemente, empiezan a inhibir su espontaneidad, y en la adolescencia aparecerán fuertes sentimientos de culpa que se acentuarán en función del grado de represión.

Los mayores, por serlo, tienen el poder de la razón, aunque ésta sea patológica, pero un niño es sólo debilidad sometida a todo tipo de incongruencias.

¡Cuántas generaciones han sido víctimas de esa turbia y mala educación, por considerar el sexo como el gran pecado! Los grandes problemas y actitudes negativas hacia la vida surgieron de ahí, de la mala iniciativa de las mentes perversas, eslabones de la gran cadena de la degeneración.

Es triste ver a tantos adolescentes privados del difrute de algo tan maravillo, temerosos en mostrar conductas normales de simpatía por el sexo femenino. ¡Cuántos inhiben sus sentimientos de alegría al contemplar un cuerpo hermoso! Y se muestran rígidos en sus comportamientos. Ni una palabra, ni un gesto... toda su forma de ser inhibida por la vergüenza, síntoma de un temor profundo. Porque no es respeto hacia la mujer, sino miedo a expresar su atracción hacia ellas de una forma respetuosa.

Sin embargo, todos conocemos a los groseros machistas del polo opuesto que avergüenzan a las chicas desde un sentimiento discriminatorio y machista. Estos comportamientos también son consecuencia de la represión sexual y son una clara rebeldía a las normas. La represión crea morbo, y éste se expresa desde el lado oscuro de la persona humana. Salta la bestia brutal y maliciosa que el hombre lleva dentro y para satisfacer sus instintos eróticos, vocifera y se ríe prepotente ante la frágil criatura femenina.

Todos estos comportamientos son patológicos y la raíz de su mal, repito de nuevo, es la represión sexual.

Voy a transcribir íntegramente la opinión de un hombre saludable como es A. S. Neill porque considero que su experiencia es muy importante asimilarla, ya que es fruto de la experiencia directa con los niños y jóvenes y la sociedad que le tocó vivir a mediados de la década de los cuarenta. Experiencias como esta son repulsivas:

«Cuando tenía unos seis años, mi hermana y yo descubrimos nuestros respectivos genitales, y naturalmente pasamos a juguetear con los de uno y otro. Cuando nuestra madre nos descubrió en nuestro juego nos dió una buena vapuleada y a mí me encerró en un cuarto oscuro durante horas. Por último, tuve que hincarme de rodillas para pedir perdón a Dios por mi falta. Transcurrieron años y años para sobreponerme a esta temprana impresión, y a veces me pregunto si de verdad he logrado superar este trauma.»

Son millones los que han tenido una experiencia semejante; de ahí que sean millones también los que han convertido su amor natural por la vida en odio, debido a haber recibido un trato similar.

Asimismo son millones los que hoy día adoctrinan en el sentido de que tocarse los genitales es malo, pecaminoso o grosero. No debe extrañarnos que la gente reaccione ante la vida armándose mediante la tensión y encogimiento de los músculos y adoptando una mentalidad pervertida.

Todo aquel niño que sufre una represión sexual, adquiere como reacción un estómago tan tenso como si fuera una tabla. Observen la respiración agitada de un niño reprimido, y vean después la hermosa gracia con la que respira un gatito. Ningún animal padece de un estómago duro ni se halla consciente del sexo o de la defecación, a no ser, como sucede con los perros, que le hayamos creado sentimiento de culpabilidad por haber hecho sus necesidades sobre el piso.

¿Qué podemos hacer con los niños?

El niño debe ser completamente libre de tocar cualquiera y todas las partes de su cuerpo, ya que incluso en este renglón la peste emocional de la sociedad ejerce su poder detestable. Un amigo psicólogo se vió obligado a recomendarle a su hijo de cuatro años: «Bob, procura no jugar con tu pipí cuando estés con gente extraña, ya que ellos creen que es malo. Procura hacerlo tan sólo en casa o en el jardín.» Hablando ambos sobre el asunto concordamos que en las condiciones actuales es imposible mantener al niño protegido de los enemigos de la vida y el sexo. El único consuelo que nos queda es que, cuando los padres creen sinceramente en la vida, el niño acepta la libertad paterna y rechaza la gazmoñería del exterior. Pero el hecho de que un niño de apenas cinco años comprenda que no

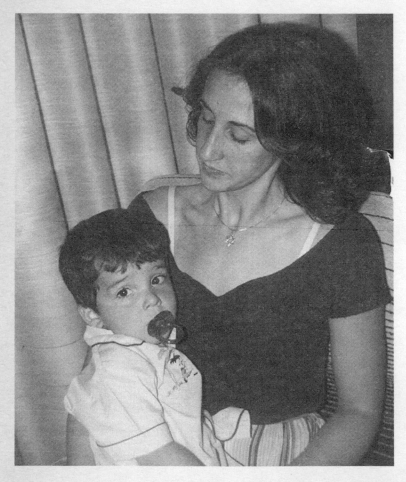

puede bañarse en el mar sin traje de baño, es suficiente para que se le forme cierto tipo, aunque sea mínimo, de recelo hacia el sexo.

Hoy día, son muchos los padres que no amonestan a sus hijos por masturbarse, pues están convencidos de que es una cosa natural, así como del peligro que encierra su prohibición. Sin embargo, algunos de estos instruidos padres recelan de la heterosexualidad.

A algunos no les importa que sus niños jueguen sexualmente con otros niños, pero en cambio se alarman si quienes lo hacen son un niño y una niña. Si mi buena y bien intencionada madre hubiera ignorado los juegos entre mi hermana, un año menor, y yo, nuestras posibilidades de crecer con un juicio sano hacia el sexo podrían haber sido satisfactorias.

Resultaría interesante saber cuántos casos de frigidez e impotencia se deben a la primera interferencia ante una relación heterosexual. Asimismo, desearía saber cuántos casos de homosexualidad adulta tienen su origen en la tolerancia hacia los juegos homosexuales y la prohibición de los heterosexuales. El sistema inglés de educación pública tal vez deba su popularidad al hecho de que permite el primero, mientras que excluye en forma tajante el segundo.

Así como la pornografía es la válvula de seguridad de la moralidad, la homosexualidad es la válvula de la represión sexual. El «pecado» de la vida es el acto heterosexual con su incomparable orgasmo pleno de gozo. A través del tipo de juego homosexual se evita este peligro; de ahí el miedo a la educación mixta y la aceptación de la homosexualidad, o sea la siguiente etapa de la masturbación. El juego heterosexual en la niñez es el mejor camino hacia una vida sexual adulta y equilibrada.

Existen padres que aceptan el juego heterosexual en la niñez, pero lo frenan al alcanzar la adolescencia. Cuando los niños no han tenido ninguna represión moral respecto al sexo, alcanzan una adolescencia sana, sin las promiscuidades que tanto atemorizan a los moralistas.

Hace tiempo efectué una encuesta con media docena de madres que no habían reprimido el sexo en sus hijas, que mediaban entre los dieciséis y diecisiete años, y les pregunté lo siguiente: «¿Cree usted que su hija debería tener vida sexual en caso de que así lo deseara?» Tan sólo dos respondieron afirmativamente. Las razones que adujeron las restantes me parecieron interesantes.

«Podría arrepentirme más tarde cuando se enamorara formalmente.»

«Es demasiado joven.»

«Temería que quedara embarazada.»

«Podría enredarse con un tipo de hombre indeseable.»

Sé que la vida sexual en la adolescencia no es una conducta aceptable hoy día. Puedo escribir mi opinión acerca de que es el verdadero camino hacia el logro de la salud física y mental del mañana, porque el cáncer quizá sea una enfermedad originada por la represión sexual, y que posiblemente lo sean otras muchas enfermedades somáticas. Puedo escribirlo, pero si en mi escuela aprobara que mis alumnos adolescentes durmieran juntos, ésta correría el serio peligro de que la cerraran las autoridades, así que debo reconocer que fui un tanto vanidoso al escribir que la escuela de Freud aboga porque uno manifieste lo que quiera, pero no por hacer lo que uno quiere.

Mi escuela, sin embargo, es una partícula de la vida humana, y me hallo pensando en el lejano mañana en que la sociedad se dé cuenta del peligro que representa la represión sexual.

Reich sostiene que esto no sucederá mientras la sociedad no comprenda el alto precio en enfermedades que la humanidad debe pagar por sus represiones contrarias a la vida. En tanto la humanidad desesperada no trate de detener los estragos del cáncer, la tuberculosis y otras enfermedades que la aquejan, Reich está demostrando lo que otros apenas conjeturaron.

Hace treinta años, Homer Lane dijo que el entrenamiento moralista en contra del cuerpo era la causa de su enfermedad. Groddeck afirmó algo por el estilo. La importancia de Reich estriba en que se halla en camino de probar esta tesis.

La educación moral no sólo deforma los procesos mentales, sino que entra estructuralmente en el propio cuerpo, causando rigidez en la postura y la contracción de la pelvis.

No estoy capacitado para interpretar la nueva biofísica de Reich ni su teoría del *orgone*; lo que sí puedo manifestar es que el estudio de sus libros hace imposible seguir leyendo trabajos sobre psicoanálisis.

Para mí, sus obras son de máxima importancia; he perdido muchos años estudiando psicología, con la esperanza de encontrar la salvación para el género humano, y he fracasado.

No soy tan tonto como para ver en Reich a un nuevo Mesías; lo que observo en él es un nuevo enfoque hacia el problema del sufrimiento humano, que me da nueva energía para proseguir con mi trabajo de lograr niños que no se conviertan en neuróticos.

Sé que una sola generación no prueba nada, y no creo que todo alumno de Summerhill esté a salvo de convertirse en un neurótico, pues, ¿quién puede hallarse libre de complejos en esta sociedad? Lo que sí espero es que las próximas generaciones, libres de tabúes sexuales, logren construir un mundo amante de la vida.

Proseguiré con la instrucción sexual. Si las preguntas infantiles se contestan con veracidad y sin inhibiciones por parte de los padres, la instrucción sexual constituirá parte de una infancia natural.

El método seudocientífico es malo...

Conozco un joven al que se le «enseñó» el aspecto sexual en tal forma que se sonroja cuando se le menciona la palabra polen.

Los factores reales sobre sexo son, desde luego, de suma importancia, pero el contenido emocional lo es mucho más. Los doctores, por ejemplo, conocen al dedillo todo lo concerniente al aspecto anatómico del sexo, pero no por ello son mejores amantes que los habitantes de las islas del Sur.

Al niño no le interesa tanto el hecho de que el padre introduzca el pene en la vagina de la madre, sino más bien el motivo por el que lo hace. El niño al que se le haya permitido desenvolver su propio juego sexual no requerirá de explicación alguna acerca del porqué.

Estoy a favor de cierto nudismo en la casa, pues es necesario para el conocimiento sexual; pero observo que el culto por el nudismo puede convertirse en una nueva forma de represión sexual: «Mira, el sexo no tiene importancia alguna.»

Pasaremos a continuación a examinar los resultados de una educación sexual equivocada tanto en el hogar como en la escuela:

Orinarse en la cama.—Indudablemente muchos de estos casos se deben a la represión sexual. El impedir que el niño se toque su órgano sexual durante el día, provoca que este halle su propia forma de liberar energía durante la noche.

Frecuentemente, la enuresis se prolonga hasta la pubertad. La tendencia del niño es revertir a una forma de satisfacción más temprana al ser reprimidas otras formas, lo que nos lleva a conjeturar que sólo la prohibición de masturbarse hace que el niño se orine en la cama, o sea, se traslada a una etapa primera de su desarrollo.

En los días en que daba tratamiento psicológico me percaté de las dificultades que presenta la curación de la enuresis, a través de los pocos éxitos alcanzados.

El deseo de hurtar me fue relativamente fácil de curar, pero la enuresis estaba demasiado arraigada en la personalidad del individuo, demasiado determinada, y además del aspecto psicológico conlleva el somático; digamos, la primera enfermedad crónica.

Tal vez el remedio se halle en las técnicas terapéuticas de *orgone* de Reich, mas no lo sé con certeza. Lo que sí puedo decir es que estoy más interesado en su prevención que en curarla. Algunos doctores señalan que se debe con mucha frecuencia a causas puramente físicas, como la acidez o desarreglos de la vejiga. Todo lo que sé es que nunca he visto un caso de enuresis consecuente. Bill, por ejemplo, se orinaba en la cama de la casa, pero no en la escuela, o viceversa; Jane empezaba a orinarse en la cama una semana antes de regresar a su casa de vacaciones. Tengo casi la seguridad de que un niño sin sentimientos de culpabilidad sexual no llegará a mojar la cama nunca.

Hurtos.—Por lo general señala falta de amor en la persona que los realiza, y puede ser tratado tan sólo proporcionándole amor. De ahí que yo recompense con unos centavos a los pequeños ladrones. El premiarlos representa para ellos: «Me quieren, aprueban mi proceder.» Tarde o temprano dejará de hurtar, ya que el amor, que era robado simbólicamente en forma de dinero o cosas, ahora lo recibe gratuitamente del profesor.

Este es el caso más simple; pero a veces presenta mayores complicaciones, como cuando el hurto a la vez que falta de amor paterno denota asimismo exceso de prohibiciones de carácter sexual.

En esta categoría incluimos la cleptomanía, o sea la tendencia incontrolable de apropiarse de algo vedado: la masturbación. La mejor prognosis para este tipo de hurto es que los padres comprendan su error, y le digan francamente al niño que estaban equivocados en cuanto a dichas restricciones. El profesor por sí solo en muy pocas ocasiones logra curarla, y esto es una buena razón para que el hogar y la escuela trabajen conjuntamente, siempre que el profesor no sea un impenitente moralista y enemigo de la vida. Nadie mejor para levantar una prohibición que la persona misma que la impuso.

Por el momento no haré mención de los métodos de curación, tan sólo me limitaré a prevenir a aquellos padres cuyos hijos hurtan, que antes que nada deben procurar encontrar la causa en sí mismos, en el trato que provocó tal conducta en sus hijos. El hecho de culparlos por las malas compañías o las pésimas películas, sólo es una muestra inequívoca de hallarse desorientados. Desde luego estas razones ayudan a determinar un método de delincuencia; pero no

tiene ningún efecto en el niño que ha crecido normalmente respecto del sexo. Con toda probabilidad, la causa primordial se encuentra en las primeras semanas de vida, cuando la madre quita con rudeza de los genitales las manos del niño.

Afán de destrucción.—Ello significa el odio en acción, o sea, la realización simbólica de un asesinato. Este afán no se concreta a los niños, los propietarios cuyas casas fueron ocupadas por militares durante la guerra, observaron que los soldados son mucho más destructivos que aquéllos. Cosa por demás natural, dado que su ocupación es la de destruir. Creatividad es vida, destrucción es muerte. Así que el niño destructor está en contra de la vida.

Procuro no caer en la trampa de simplificar demasiado, evitando, por ejemplo, el decir que todo defecto del niño no es más que sexualidad pervertida. El afán de destrucción tiene muchos otros componentes..., en ocasiones celos al hermano que recibe mejor trato; en otras, rebelión contra la autoridad restrictiva, y en ocasiones simple curiosidad por ver «como está por dentro».

El factor principal, sin embargo, no se concreta a la acción destructiva de ese momento, sino al odio reprimido que se va incubando y que, según las circunstancias, convertirá al niño en un sádico, digno representante de la Gestapo. Este es un aspecto de vital importancia, ya que forma parte de la angustia en que se debate el mundo, en el cuál florece el odio desde la cuna hasta la horca.

Desde luego nadie es capaz de objetar la realidad del amor, existe en abundancia, pues si así no fuera sólo nos quedaría la desesperación. Y es precisamente este amor el que todo padre y educador debe tratar de descubrir y fomentar.

Este es el amor que anidaba originalmente en dicho joven ladrón, amor por la vida, que fue suprimido por los mismos padres que anhelaban amar y ser amados por sus hijos.

«El amor misterio de la vida se halla en por qué el Sr. Brown, que es una persona trabajadora, amistosa y pacífica, permite que los clérigos y demás aguafiestas conviertan el amor de sus hijos en odio. La religión tiene la culpa del odio al sexo inculcado por la iglesia, persiste en él, y los niños problema son creación tanto de personas religiosas como ateas. El afán de destrucción subsistirá en tanto perduren el codigo penal y la policía, los ejércitos y las escuelas disciplinarias; pero el Sr. Brown, puede determinar, en lo personal, la actitud a tomar respecto al sexo y la represión del amor, para evitar que Jimmy Brown se convierta en un niño problema.»

A. S. NEILL

Es reconfortante escuchar la voz de este hombre defensor por encima de todo del amor, libre de ataduras ideológicas. Reconozco mi propia voz a favor de la emociones nobles que crean cielo y son las que salvarán al ser humano de ser una piltrafa, por culpa de los sembradores de desencanto; extraterrestres enfermos, que sólo quieren la destrucción de los seres y de este hermoso planeta que habitamos.

CAPÍTULO V

INTIMIDAD, INDEPENDENCIA Y EL PRIMER AMOR

En la niñez la sexualidad está en estado de reposo y desarrollo: en «periodo de latencia». Con el crecimiento del cuerpo la sexualidad se vuelve activa y consciente. El joven se va sintiendo físicamente todo un hombre y surge la rivalidad con el padre. Las disputas son frecuentes y como hemos visto en los capítulos anteriores, la rebeldía y peleas violentas hacen su aparición continuamente en muchos hogares. Tanto el chico como la chica se sienten con capacidad para resolver muchos de sus problemas y creen no necesitar la ayuda de sus padres. Se transforman lentamente integrando multitud de capacidades y matices nuevos haciendo evolucionar su personalidad. Pero están todavía en un periodo que los psicólogos denominan «crisis de identidad» consigo mismos y con el entorno. Necesitan conocerse. Su cuerpo crece, pero sus emociones tienen que madurar. Les falta dominio de todo su mundo emocional y diverso que desconocen. Pueden saber de sus emociones, pero son muy pocos los chicos y las chicas que saben identificarlas y ejercer control sobre ellas.

Dominar el mundo emocional es especialmente difícil porque estas habilidades deben ejercitarse en aquellos momentos en que los jóvenes o las personas, de cualquier edad, se encuentran en peores condiciones para asimilar información y aprender hábitos de respuesta nuevos, es decir cuando tienen problemas. Todo el mundo, ya se trate de un niño de dieciséis años o de un adulto, necesita ayuda cuando tiene problemas para verse

a sí mismo. No resulta sencillo, cuando el corazón late con más fuerza, cuando las manos están sudando y uno se encuentra muerto de miedo, escuchar con claridad y mantener el control de sí mismo sin gritar, sin echar la culpa a los demás o sin permanecer silenciosamente a la defensiva. No resulta fácil para los jóvenes impedir que la escalada de sentimientos ascienda y termine conduciendo a un despectivo —¡vete a la mierda!— o a una pelea a puñetazos entre hermanos.

Cuando se dominan las semillas de la violencia, se cambia el rumbo de las reacciones violentas en su foma más incipiente. Entonces es cuando se tiene conocimiento de las emociones y se pueden dominar, pero para esto es necesario mucho conocimiento del mundo emocional y bastante entrenamiento. Normalmente, ya desde la infancia saltan los resortes y es imparable la inundación de la agresividad, todo provocado por la falta de conocimiento. En contadas familias se educa el mundo emotivo. Habitualmente, somos los padres los primeros desbocados, y los niños se precipitan con nosotros al abismo del descontrol desde su más tierna infancia. Sirvan estos renglones para hacernos conscientes de la importancia del mundo interior de los seres humanos en general y de los jóvenes en particular.

Alejandra Vallejo-Nájera dice: «El adolescente necesita encontrarse a sí mismo, ser independiente, sentirse capaz, válido, saber quién es y cuál es su papel en la sociedad.

Con su entorno quiere romper y soltar todas las ataduras del hogar, pone en tela de juicio el sistema de valores de los adultos que le han guiado hasta el momento. Explora el mundo exterior y adopta nuevas formas de pensar y sentir. Su atención se concentra en resaltar las diferencias respecto al niño infantil y dependiente que ha sido hasta ahora. Le gusta considerarse excepcional, único, original, diferente del resto de las personas; ser objeto de admiración y de ejemplo para sus amigos. Experimenta, juega y sobrestima sus posibilidades. Este afán de excepcionalidad provoca el lamento de los progenitores: su hijo se ha vuelto insufrible; le chifla la extravagancia; se coloca al borde del abismo, juega con los peligros; siente predilección por lo raro, en especial si escandaliza a los sufridos padres.»

Los adolescentes empiezan a razonar como un adulto y necesitan independencia. Su habitación es como si fuese su propia casa. Nunca se me olvidará cuando mi hijo, a los dieciséis años, se encargó personalmente de poner llave en su habitación. Yo por entonces no lo entendía, pero ahora comprendo ese impulso de tener un espacio vital donde sentirse independiente y en el que nadie se podía apropiar el derecho de invadir su intimidad. Un refugio privado donde siente que puede hacer lo que le dé la gana sin ser molestado por nadie: escuchar musica, convivir con sus amigos y amigas... en definitiva, quiere sentir su independencia, que es sinónimo de libertad. Es un lugar privado y sagrado donde él o ella son totalmente dueños de su espacio vital.

Mi hija actuó de igual forma; ella no puso ninguna llave, pero su habitación también se convirtió en su casa dentro del hogar familiar.

En este periodo de sus vidas, vivía todavía con la mentalidad del padre de unos niños a los que aún no respetaba como adultos; fui consciente de que tenía que cambiar porque ellos me exigían otro tipo de comportamiento. Cuando son niños muchos padres los tratamos como si fueran insignificantes y ellos lo saben; después, su propio desarrollo interior pide a gritos, porque es así de crudo, que se les respete su dignidad y nos exigen que abramos los ojos para ver su proceso de evolución. A los quince o dieciséis años se encargan de decirnos: «¡Aquí estoy yo!, ¿qué pasa? Si no me ves como soy, tengo capacidad para mandarte a la mierda, y no me levantes la mano porque yo también puedo hacer lo mismo.

Si me haces daño fisico, yo también puedo faltarte el respeto y romperte la cara o irme de casa, que es lo me dan ganas muchas veces. Emanciparme de vosotros porque no me comprendéis. ¡Os odio!» Este tipo de adolescente irrespetuoso, quizá sea el producto de la ingenuidad permisiva de los padres, de la falta de control, de la indiferencia, del vacío materialista de nuestros días... pueden ser muchos los factores que incidan en la creación de adolescentes egoístas, ciegos e inhumanos. Frecuentemente, se le echa la culpa a los padres, pero mutitud de veces son la soberbia, el egoísmo, los malos pensamientos inculcados, los malas influencias externas, las que destruyen la fragilidad de sus mundos interiores.

El adolescente, en muchos casos, no busca ayuda en sus padres, porque éstos están en su mundo, preocupados de todo menos de sus hijos: su negocio, el trabajo, ganar dinero como lo más importante, las vacaciones, las fiestas, las supuestas amistades vanas... y olvidan sus responsabilidades sensibles humanas y paternales... Estos padres son incapaces de comprender a sus hijos porque ignoran lo que significa el aprecio y la necesidad de importancia que tienen ellos a estas edades. En estos casos es inútil que el padre o la madre pidan al adolescente que se supere para tener una buena relación con ellos. Para muchos la familia es algo que tienen que olvidar y piensan que no les sirve de nada. Su casa es para ellos como una pensión donde comen y duermen. En esta época toman mucha importancia sus amigos y amigas, ellos son su refugio y están deseando prescindir para siempre del incordio de sus padres.

¿Por qué muchos padres dejan de amar a sus hijos? Y de esta manera se ciegan los sentidos para percibir más profundamente lo importantes que son. ¿Es el *amor* lo único que puede despertarnos para ver la realidad? O por el contrario, ¿necesitamos que nuestros hijos nos vapuleen, haciéndonos sufrir para darnos cuenta, con asombro, de la importancia y el valor que tienen cuando los perdemos?

Fase de enamoramiento

En la primera fase de la adolescencia (12-15 años) la sexualidad es introvertida y desligada del erotismo. El enamoramiento es el llamado «amor platónico». El niño y la niña se enamoran tiernamente sin tener en cuenta la atracción sexual. Recuerdo en la fase de mi pubertad y adolescencia la atracción que ejercían determinadas chicas. Las sentía como ángeles celestiales. Recuerdo que Gloria, con trece años, era un ser divino imposible de alcanzar. No podía dormir por las noches pensando en ella. Pasado el tiempo, a los dieciséis año conocí a Soledad, la prima de un amigo mío. Aquello fue un flechazo fulminante. Cuando me encontraba junto a ella me sentía como en las nubes.

Era una sensación especial indescriptible de felicidad. Me daba miedo tocarla. Fuimos un día al cine y necesitaba agarrarle la mano y declarar que estaba locamente enamorado de ella, pero fue del todo imposible. Me sentía tímido y temeroso a ser rechazado. Al día siguiente se marchó a Huelva, le escribi algunas cartas y nunca más volví a verla. Me tiraba de los pelos después, por no haberle cogido, mínimamente, su mano. La podría incluso haber besado. Un beso en esas circunstancias me hubiera sabido a gloria, imposible de olvidar.

Después conocí a Fefi. Bailé por primera vez. Y por vez primera también tuve en mis brazos a una chica. Por primera vez junté mi cara con la suya e hice realidad mis fantasías. «Bailar pegados es bailar...» y mis sueños se hacían poco a poco realidad. Mi enamoramiento encontraba una respuesta objetiva en la realidad. Tenía dieciséis años. Fefi fue otro «amor Platónico» de unas semanas. En ninguno, todavía, hubo unión sexual. Después me vine a Madrid y aquí conocí a Paloma; en ella encontré amor, espiritualidad y unión sexual profunda de la que nacieron mis dos hijos. El contacto por primera vez con el cuerpo femenino que amaba me producía gozo y profunda alegría y felicidad. Su cuerpo y su vida eran prolongación de la mía. «Carnes de mis carnes», como yo suelo decir. Es curioso, pero el flechazo del enamoramiento a esa edad no lo sentí. Quizá por mis continuas frustraciones anteriores, porque las chicas fueron como espejismos: surgían y se volatilizaban. No podía creer que algún día mis sueños y fantasías se hicieran realidad. Paloma, sin embargo, fue una realidad profunda y de verdad, y al principio, ya escarmentado, no podía creerlo ciertamente, pero poco a poco fuí integrándome en su vida amándola profundamente. Por entonces tenía diecisiete años.

Creo necesario hacer constar en esta mi realidad exterior, la misma realidad traducida del interior por un especialista, Carmelo Monedero:

«Con el avance de la adolescencia se va a ir aproximando el erotismo y la sexualidad y, a su vez, dirigiéndose ambos hacia una persona exterior. La introversión de la primera parte de la adolescencia, coincidiendo con todo el cambio hormonal, se transforma en extraversión. En la pubertad se descubre el yo; en la adolescencia, el tú. Para este segundo proceso se ha empleado el concepto de "pubertad cultural". Es el tiempo que el adolescente necesita para concretar en las formas culturales y sociales todas estas fuerzas instintivas y desatadas que aparecen.

Estamos en la época del primer amor, con el sentido que se le da habitualmente a esta idea. Nosotros nos vamos a ahorrar el trabajo de describirlo desde el punto de vista consciente, pues para ello está toda la Historia de la Literatura. Nos interesa, sin embargo, poner en relación este primer amor con los anteriores amores del joven. El auténtico primer amor fue la madre. Un amor de fantasía y espiritual, y ahora acuciado inconscientemente por la sexualidad, tiene la vivencia irreprimible de que esta fantasía se hace realidad. El instinto de conservación individual, que a nivel de ello funcionaría como tendiendo a conseguir placer en contacto con el otro sexo, a nivel del yo se vive como el deseo irreprimible de tomar contacto con otro yo que viene a darle sentido. En este primer enamoramiento el adolescente usa de mecanismos infantiles. En primer lugar, cree en la existencia del objeto bueno perfecto...

Las primeras fases del enamoramiento adolescente transcurren en la distancia del objeto amoroso. Un temor irreprimible le impide tomar contacto con la joven amada. Al mismo tiempo, la adolescencia le trae un recrudecimiento de sus actitudes narcisistas, pero poco a poco la sexualidad se va integrando a la erótica y el adolescente empieza a tomar contacto con su amada. Los primeros contactos suelen ser dramáticos, porque el joven se da cuenta de que ella no se corresponde a las fantasías que se había forjado. Es la misma decepción del niño pequeño cuando se da cuenta que la madre no es lo que él imaginaba. Hay otra vez un choque violento entre fantasía y realidad, entre deseos y gratificación. Estas frustraciones llevan al joven a la depresión... Hay que aceptar un principio de realidad. Si el joven tuvo una buena relación con los padres, en que las vivencias positivas superaron a las negativas, podrá elaborar con éxito esta nueva situación conflictiva adaptándose a una mujer real, con la que podrá tener verdaderamente una relación objetal y no una relación infantil. Si sus relaciones familiares fueron malas y su personalidad es conflictiva e inestablemente constituida, tienen que recurrir a los síntomas neuróticos o psicóticos como mecanismos de defensa. Los síntomas psicopatológicos no son otra cosa que formas posibles de elaborar la experiencia.

La edad en la que el adolescente tiene su primera relación sexual varía de una sociedad a otra y de un individuo a otro. Si al principio de la adolescencia la erótica y la sexualidad estaban escindidas, al final se deben encontrar tan íntimamente unidas que no se sepa dónde termina la una y empieza la otra. Remplein dice que la fusión de eros y sexo se lleva a cabo entre los dieciocho y los veinte años. Ni que decir tiene que en una mayoría muy grande de adolescentes esta fusión no se produce adecuadamente; son después el contigente de adultos en los que sus ilusiones no coinciden con la realidad. Volvemos a repetir que la posibilidad de esta fusión y de alcanzar una madurez emocional y vital depende de la personalidad anterior del adolescente.»

CAPÍTULO VI

HOMOSEXUALIDAD, MIEDO E INSEGURIDAD

Este capítulo es necesario, porque muchos padres están preocupados por las tendencias sexuales de sus hijos e hijas y no entienden por qué motivos se producen las distintas conductas. Pero sobre todo quiero concienciarlos del momento crítico que vive el adolescente ante la incertidumbre de lo que ciertamente va a ser su futuro.

¿Se puede hablar de los adolescentes en términos generales?

A lo largo de este libro pienso muchas veces en la enorme diversidad que existe en la especie humana y si se puede hablar de un comportamiento generalizado de los adolescentes cuando la mentalidad es diferente de unos países a otros. Y yo sigo preguntándome: ¿tiene que ver la mentalidad con el proceso biológico y los cambios hormonales? O es a la inversa, ¿el proceso de su desarrollo y las circunstancias externas, provocan en la psicología del niño un profundo desequilibrio?

Creo que todo influye y por regla general el nuevo ser, sea de donde sea, se transforma físicamente y esto tiene que afectar de una manera general a todos los adolescentes. De la misma forma todos imaginan relaciones sexuales compartidas con otro ser. Fantasean las relaciones sexuales y sienten angustia, e incluso su relación con el medio exterior se inhibe. El joven y la joven que sienten libertad con su propio cuerpo y en soledad, la pierde cuando se trata de compartirla con alguien exterior a ellos. La realidad dista mucho de ser igual a sus fantasías y ese primer paso se distancia. En el caso del adolescente, éste toma la decisión de no relacionarse con las chicas. Es tanto el deseo, que le produce angustia y miedo a ser rechazado. Esa necesidad imperiosa de los impulsos básicos sexuales la viven los dos sexos al unísono, hasta que alguno de los dos da el primer paso con valentía, porque tanto él como ella, sienten atracción y necesidad física de compartir sus cuerpos.

Pero la mayoría de los jóvenes y las jóvenes se relacionan mejor con los de su mismo sexo. El joven tiene a sus amigos y la joven a sus amigas, y no es extraño que se caiga en la homosexualidad. Esto no quiere decir que sus tendencias profundas sean éstas. Los moralistas dramatizaron en exceso el valor de esta homosexualidad. Tampoco se le puede restar importancia, lo que sí es necesario es descargarla de una mentalidad obsesiva que perjudica a la evolución normal de los jóvenes. El papel sexual de cada persona se forma durante la niñez. La homosexualidad se origina por la interrelación de múltiples factores psicosociales que intervienen en las relaciones del niño o la niña con su medio a lo largo de la infancia. Estos factores son los mismos que intervienen en el origen de la heterosexualidad y de la bisexualidad. Debido a ello los niños y las niñas «eligen» de forma inconsciente determinados objetos-personas, a los que simbolizan eróticamente.

En la adolescencia lo que ocurre es que este papel se actualiza. Como todo niño tenía identificaciones homosexuales y heterosexuales, pueden realizar en la adolescencia ambas tendencias. Éstas se ven favorecidas en el periodo en que los impulsos sexuales en los dos sexos son poderosos y tienden a distanciarse (período de latencia). Hace años, cuando no existía la coeducación —o sea, que a los sexos se les educaba por separado—, las relaciones homosexuales estaban favorecidas por estas circunstancias. En cualquier caso, incluso con un sistema coeducativo, los sexos siempre tienden a separarse en este periodo llamado de «latencia». No obstante, las primeras experiencias sexuales en la pubertad no son decisivas y no condicionan el comportamiento sexual del adulto.

Analisis de la homosexualidad desde falsos planteamientos

Se han proferido las más solemnes tonterías sobre las causas congénitas, cromosómicas o endocrinas de la homosexualidad, en humanos normalmente constituidos. A despecho de las hipótesis de Magnus Hirsschfeld, entre los seres humanos no hay más que bisexualidad; no hay un tercer sexo; no existe ninguna señal congénita, anatómica o fisiológica, que pueda diferenciar a

un homosexual de un heterosexual; no se ha descubierto aún el pretendido «gen» (o virus) de la homosexualidad (y ya se conoce el valor relativo del famoso «gen del crimen»).

Inútil, pues, buscar, en la ascendencia del «perverso sexual» (como lo hicieron tantas veces los alienistas de antaño), un abuelo desenfrenado, un tío epiléptico, una hermana histérica o un padre sifilítico. No explicarían nada.

Ciertamente lo mismo que muchos heterosexuales, los homosexuales adoptan algunas veces «el género de sus gustos»; se dan así arquetipos o estereotipos, como se quiera. Pero estos estereotipos están destinados bien a protegerse de las asiduidades del «enemigo de enfrente», bien a captar clientes. La mayor parte de los homosexuales no exhiben signos distintivos, son como todo el mundo, con la misma diversidad de apariencia que «la gente común»; no tienen necesidad de bandera para encontrar pareja.

Las primeras hormonas sexuales fueron aisladas y sintetizadas a principio de la década de los treinta. Cuando la testosterona, la más efectiva de las hormonas» «masculinas», fue aplicada en animales castrados o a hombres cuyos testículos se habían lesionado en los primeros años de vida, los resultados fueron teatrales. Se produjeron inmediatos aumentos de los niveles energéticos, una vitalización del interés sexual y diversas modificaciones corporales en el sentido de una positiva virilización. Los capones rápidamente se convertían en gallos; los caballos castrados empezaban a actuar como sementales, etcétera. Por su parte los varones humanos respondían con un intenso desarrollo de la barba, una redistribución de la grasa corporal y una virilidad enormemente incrementada. Estos experimentos, naturalmente, eran ejemplos de reemplazos en los que los animales y los hombres habían experimentado una disminución de su propia producción de testosterona, que al ser administrada producía la virilización.

Casi inmediatamente, clínicos y endocrinólogos se mostraron interesados en probar los efectos de la testosterona sobre los homosexuales, los afeminados y otros individuos de tendencias similares. Las preguntas que se formulaban resultaban claras: ¿La falta aparente de masculinidad de estos hombres o su orientación sexual refleja una disminución de la hormona sexual masculina? En este caso, ¿cual sería el efecto de administrarles más cantidad? Estas cuestiones eran tan compatibles con las nociones que imperaban sobre la homosexualidad que estaban destinadas a ser ensayadas, una y otra vez, a lo largo de los años.

Las primeras pruebas llevadas a cabo por los endocrinólogos precisaban muy difíciles determinaciones cuantitativas de esteroides hormonales obtenidos en la orina. Los resultados fueron poco demostrativos, y, por tanto, estadísticamente insignificantes; a través de ellos se pudieron observar incluso niveles de testosterona más altos en sujetos homosexuales que en otros heterosexuales. Recientemente, los endocrinólogos han puesto a punto técnicas más precisas para poder realizar medidas directas de niveles hormonales en la misma circulación sanguínea. Cuando se ha examinado a varones afeminados (heterosexuales u homosexuales) mediante el empleo de estas pruebas, se ha visto que los niveles de hormonas eran enteramente normales.

Sin embargo, un gran número de clínicos, a lo largo de los años, se ha dedicado a la realización de sus propias experiencias mediante la administración de testosterona a sujetos afeminados y a homosexuales ordinarios. Los resultados han sido categóricos: cuando se produce alguna alteración en el comportamiento, los sujetos se muestran idénticos a como eran antes, con su mismo patrón, pero más intenso que nunca. Sus tendencias sexuales, por lo general, se ven incrementadas, pero no hay nunca un cambio de dirección en sus intereses sexuales. Partiendo de estos experimentos, formales o informales, resulta perfectamente claro que las hormonas sexuales juegan un papel importante en la potenciación de la sexualidad humana, pero también que no controlan la dirección de la misma.

«Actualmente la mayor parte de las sociedades científicas, tanto nacionales como internacionales, han suprimido la homosexualidad de sus listados de enfermedades por considerar que es una variante sexual normal.» (Fernández de Quero.)

Sufrimiento homosexual y miedo en un adolescente muy masculino

Para muchos adolescentes la homosexualidad es motivo de crisis y depresiones profundas, al comprobar que el cuerpo creado con los atributos de su género, no reacciona con normalidad. Muchos homosexuales se adaptan a sus circunstancias, no sin sufrir profundas crisis, y otros son inadaptados para siempre; no soportan el trauma que les provoca ver una imagen y unas tendencias que en realidad no se corresponden con sus características físicas.

Con el tiempo su propia psicología y con los conocimientos que van adquiriendo, aumenta su capacidad de adaptación, desarrollando mecanismos de equilibrio a la situación que irremediablemente les ha tocado vivir. El adolescente homosexual tendrá que superar pruebas terribles por la gran resistencia social que existe todavía para aceptar este tipo de comportamientos y que son tan antiguos como la humanidad. Porque nuestra sociedad ha reprobado cualquier forma de comportamiento homosexual en varones y mujeres de todas las edades.

No es plato de buen gusto para nadie nacer en estas circunstancias y, para colmo, soportar tan duras pruebas y vejaciones que los propios humanos, en su demostrada intolerancia milenaria, les infringen. Para colmo, si los padres los rechazan, sus vidas se deslizan por una pendiente sinuosa abocada a desequilibrios psicosomáticos importantes. La depresión se apodera de sus vidas desestabilizando todas sus facultades. Hasta que pueden dominar su situación personal, aceptando sus circunstancias; desarrollando valor y coraje. Muchos son los que profundizan en ellos mismos y las circunstancias sociales y comprenden que la normalidad social es sólo el mostruoso comportamiento de la apariencia y ellos son inocentes criaturas víctimas de la intolerancia. En un mundo de monstruos normales ellos son inocentes.

Los homosexuales sufren y los jóvenes cuya evolución es marcadamente heterosexual, pueden contraer miedos y traumas, preocupados por su propio proceso. Una serie de modificaciones hormonales provocan toda una crisis en el alma todavía infantil que se hace adulta. Pero... ¿que clase de adultos? ¿Seré normal o, por el contrario, puedo ser un afeminado u homosexual rechazado por todos? El temor a ser lo que otros son puede condicionar sus vidas y generar ideas y sentimientos de inseguridad.

Una vez conocí a un adolescente que tenía muchos miedos. No soportaba la idea de tener movimientos afeminados, ni aceptaba la naturaleza homosexual. Al descubrir, a los doce años, la existencia de la homosexualidad por comentarios de los compañeros de colegio, aquello le producía temor. Dudaba de su propio desarrollo natural como varón, aunque sus características físicas y sus impulsos básicos era auténticamente masculinos. Aquel adolescente, Antonio, de diecisiete años, observó su propia evolución normal, pero no estaba convencido del todo de su propio proceso. Una obsesión se había apoderado de él, al ser consciente de la existencia de hombres afeminados.

La naturaleza jugaba malas pasadas físicas a sus semejantes, lejos del alcance de la propia voluntad para modificarlas. Aquellos cuerpos sufrían alteraciones, en un proceso que, supuestamente, debía ser del todo normal. El desarrollo de la vida y sus formas son imprevisibles, y él todavía no podía entenderlo. Muchas dudas y miedos afloran en jóvenes adolescentes como Antonio, con una constitución física y unos impulsos libidinosos normales. El miedo le producía pensamientos negativos y obsesiones que le llevaron a creer que a él también podía ocurrirle lo mismo.

Le tocó vivir una época de saturación sexual donde los medios de comunicación, libres de toda censura, emitían programas, ofreciendo una realidad social tabú y reprimida en otros tiem-

pos. La homosexualidad vendía. Era noticia y captaba la atención de la gente. Tenía mucha audiencia y, como siempre, las informaciones machaconas abundaban y con frecuencia tratadas desde la superficialidad comercial. Muchos adolescentes fueron víctimas del bombardeo sin límite e hicieron mella en sus frágiles cerebros. Aquel mundo existía en la realidad y tenía que admitirse como algo normal. Pero debía haber sido explicado de una forma científicamente seria. Sin duda, así, todos habrían podido comprender la verdad de la naturaleza homosexual, transexual, bisexual y heterosexual. Hombres que se sentían mujeres (transexuales) y mujeres que asumían el papel del macho por su propia tendencia (lesbianas)

Antonio no podía entender muy bien aquel revoltijo de tendencias. Hasta entonces sólo habían existido para él dos únicos modelos: su padre y su madre. Aquel mundo era un desbarajuste físico y mental que no entendía muy bien y que rechazaba profundamente. No entraban dentro de sí mismo aquellos comportamientos y sentía miedo de que algún día pudiera ser como ellos. Trasladaba ese mundo a su propia vida, pensando que si ellos eran de esa forma, él también podría ser así y lo detestaba. El simple hecho de verse en esas circunstancias le producía desequilibrio y éste contribuía a una depresión permanente. Era un chico inteligente, pero su atención permanecía atrapada y dispersa en una profunda preocupación. Su mente no tenía un plano de apoyo donde poder concentrarse, porque el mundo que se presentaba ante sus ojos era de una complejidad enorme. Se enfrentaba solo ante el mundo, sin conocimiento de sus propios procesos biológicos, ni del funcionamiento de su propia mente. Tampoco sabía muy bien de la certeza de la educación que estaba recibiendo, ni del impacto de los medios de comunicación. No entendía la pornografía ni todo el comercio en torno al sexo. Todos los argumentos de esas películas le confundían para comprender el proceso normal de la sexualidad, en la vida normal de los seres humanos.

Ver una mujer desnuda y actos sexuales le gustaba, estimulaba su sexualidad, pero también le creaba vacío y muchas preguntas. La mujer desnuda le producía una excitación y atracción irrefrenable, con deseos profundo de tomarla hasta el fondo.

A través de sus sentidos se introducían todo tipo de mensajes libres como saetas, para clavarse en su alma sensible, no entendiendo porqué le herían tanto, ni tampoco las razones por las que se incrustaban como armas mortíferas. No comprendía por qué era tan tierno y frágil su interior. Otros chicos de su misma edad parecían de acero y daba la sensación de que todo rebotaba en sus duras molleras. Él quería ser así para no sufrir, pero el dolor y el miedo se apoderaron de él. Ante tanta complejidad intentaba evadirse para no comprender lo incomprensible. Todavía no tenía criterios fuertes para poder analizar aquel temporal que se le venía encima y le hacía naufragar sin remedio. Carecía de conocimientos y sin embargo surgía de dentro una potencia, y en muchos casos prepotencia, que no podía dominar, ni reducir a su mínima expresión ¿Eran sus egos y emociones radicados en su propia herencia? No sabía conocer sus propias emociones y como un ciego andaba intentando reconocer ambientes y personas de su misma forma de ser. Todavía no tenía capacidad para percibir los buenos de los malos, porque aunque pensaba que todos eran buenos, existían las malas intenciones, las emociones dañinas, los pensamientos funestos... Ignoraba los contenidos y las tendencias de los propios humanos. Seguía algunos consejos de sus padres y de la educación recibida, pero permanecía perdido, confuso... Intentaba que no le hicieran ningún daño, pero a la vez era inconsciente del daño que podía hacer. Intuía que entraba en una dimensión de atracciones físicas y emocionales que en muchos casos podrían ser peligrosas. Un mundo profundamente erotizado, donde los impulsos sexuales se podían medir por la intensidad de una mirada. Sus ojos se clavaban en las chicas y ellas se dejaban seducir enganchando su mirada. No había duda que ellas ejercían sobre él una fuerte atracción. Le excitaban sus seductores gestos y el contorneo de sus cuerpos. Las mujeres le apasionaban. Las piernas, los pechos, las caderas, aquellos ojos, bocas, caras angelicales...todo el cuerpo de la mujer provocaba una profunda atracción para ser besadas con pasión, pero aquellas sensaciones eran inhibición por la moral religiosa. Sus tendencias claramente heterosexuales eran puestas en duda por el miedo y la inseguridad. Se revolvía por dentro cuando un homosexual se cruzaba en su camino, y lo peor de todo era el miedo a caer en lo que él pensaba que era una deplorable situación: no podía concebir ser homosexual, sólo el pensarlo le producía desequilibrio. El temor le llevó a desconfiar de sus amigos y de los desconocidos. Pensaba que dentro de cualquier muchacho u hombre adulto se escondía un homosexual.

—¿Por qué todo esto Antonio? ¿Tanta confusión?

—No lo sé, hay muchas cosas que no entiendo y tengo mucho lío en la cabeza.

—¿Ahora cuántos años tienes?

—Diecisiete.

—Cuéntame un poco tu vida —le dije tratando de ayudarle. Le veía siempre muy triste y necesitado de ayuda.

—¡Y qué te voy a contar, si ni yo mismo sé qué me pasa. Son muchos fantasmas los que tengo en la cabeza que me hacen sufrir .

—¿Cuál de ellos es el que te hace sufrir más?

—El de los maricones, porque tengo miedo a ser como ellos.

—¿Tienes miedo a que te gusten los hombres?

—Eso no tanto, aunque a veces lo pienso y me repugna. Lo que me horroriza es tener movimientos afeminados. No puedo soportarlo.

—Pero tu físico es el de un chico normal.

—Sí. Si yo me siento muy macho, pero no me lo creo del todo. No sé qué me pasa. He pensado tanto y tengo tanto miedo que ya no sé quién soy. Al andar, ando a lo bruto, por si acaso se me nota algún amaneramiento.

—¿Te importa la gente?

—No te entiendo.

—Que si te importa lo que diga la gente.

—Sí, claro. Si no existiera la gente, no tendría ningún problema. No entiendo por qué tengo que estar pendiente de ellos. La verdad es que no entiendo nada de lo que me pasa.

—Veamos. Cuéntame lo que más te haya herido cuando eras niño. Algo que provocó en ti temor y te hizo pensar siempre en lo mismo.

—Cuando tenía doce años.

—¿Qué te pasó?

—Pues... Era un día que llovía mucho y llevaba puesto un impermeable amarillo que me cubría todo el cuerpo. La cabeza también la llevaba tapada. Fui a hacerle un recado a mi madre y en la calle pasó por mi lado un chaval compañero del colegio que era muy bruto. Yo creo que era el más bruto del pueblo. Pues al pasar por mi lado se me quedó mirando y me dijo: «¡Anda, pero si eres tú! ¡Yo pensaba que eras una niña!», y empezó a reírse de mí. Aquello no me gustó, me dolió mucho y desde entonces no se me ha ido de la cabeza. No entiendo por qué me pasa, y por más que lo intento no puedo quitarme esa idea de la cabeza. Pienso a todas horas en eso. Me levanto y me acuesto siempre con lo mismo y me hace sufrir.

—¿Qué es lo que sentiste en aquel momento?

—Me sentí decepcionado. Yo me sentía muy niño y me sentó muy mal que me confundieran con una niña. Unos días antes me enteré de que existían hombres que se movían como las mujeres. Aquello no me gustó nada. Lo tomé muy mal. Yo no sé por qué me impresionaba tanto aquello. Cuando mis amiguitos hablaban de los mariquitas y se reían de ellos, me entraba miedo a ser algún día uno de ellos, porque no soportaba que se rieran tanto de mí. Me hacía sufrir sólo de pensarlo. Me acuerdo que ponía rígidas mis manos para no tener ningún movimiento afeminado. Pero, ¿por qué me empezó a pasar todo aquello a mí?

—Por temor —le dije.

Cuando se apodera de nosotros el miedo es por algo. ¿Cuál es la causa del miedo de Antonio?: las risas de sus compañeros y la gente en general. Pero... ¿cuál era la causa de que esas risas le hicieran daño? Con frecuencia no sabemos lo que tememos o por qué tememos, como en la angustia y en las fobias o temores infundados. Su motivación suele ser inconsciente. Podía ser que Antonio tuviera formada una idea de sí mismo desde los primeros años de vida, e incluso quizá desde mucho antes cuando estaba en el vientre intrauterino. Unos esquemas de identificación formados para sentir y comportarse de una determinada manera que eran claramente muy masculinos. Con frecuencia nuestra seguridad mental se va apoyando en creencias de nuestra propia fantasía. Del subjetivismo. Y así llegamos a la edad adolescente con ideas de nosotros mismos y de nuestro entorno. Si algo atenta contra aquello que hemos concebido nos produce desequilibrio y miedo. El descubrimiento que le hicieron los amigos de Antonio de la existencia de afeminados, rompía la idea que tenía de que todos los niños crecerían con normalidad para ser hombres normales; lo contrario producía contradicción, conflicto... Un niño que no sabe manejar sus sentimientos se ve claramente desbordado por todo tipo de ideas y fantasías de una realidad que desconoce pero que evidentemente existe en la realidad. Pero ¿por qué se mostraba Antonio especialmente sensible por este tema y los demás niños no? ¿Acaso era un fenómeno hereditario? Son cuestiones que se escapan del saber. En estos casos sólo nos queda tantear y tratar de enlazar aquello que vamos percibiendo con los conocimientos que poseemos del funcionamiento del cerebro y de la mente.

—¿Tú conocías a algún afeminado?

—No. Sólo sabía que existían porque mis amigos me lo decían.

—Desde aquel día que te confundieron con una niña, ¿cómo se desarrolló tu vida?

—Muy mal. Dudaba de mí mismo. Si mi cara era de niña, todo mi cuerpo podía ser igual. Físicamente fui creciendo como un niño normal. Me enamoraba de las niñas con mucha facilidad, pero me confundían mis pensamientos. Y desde entonces sufría mucho. Todos los días pensando en lo mismo y sin poder quitarme de encima tantos fantasmas... Me hacía la vida imposible yo solo.

—¿No se te ocurrió contárselo a alguien?

—No, porque me daba mucha vergüenza.

—Y ahora, ¿cómo te encuentras?

—Sufro mucho. Tengo novia, ¿sabes? Pero no tenía que habérmela echado porque soy muy complicado y sé que la voy a hacer sufrir mucho.

126

—¿Se lo has contado a ella?

—Sí. Ella me ayuda, pero no logro echar de mi espíritu todos esos fantasmas dañinos —me dijo visiblemente triste.

Antonio había perdido la conciencia de su propio cuerpo. Sus obsesiones le habían conducido a una neurosis y permanecía atascado en fantasías fantasmales dañinas. Sus sentimientos negativos habían arraigado en el subconsciente con gran tendencia a ocupar su mente con los mismos pensamientos machacones. Le ayudé durante un tiempo a comprender el porqué de la existencia de la homosexualidad y me atreví a ser por un tiempo su psicólogo haciendole consciente de su tendencia a sentir temor y lo arraigado que tenía en su subconsciente aquella idea. Durante mucho tiempo había alimentado con pensamientos y actitudes negativas una forma de ser fantasmal. Tenía razones de peso para expresar que aquello que le hacía sufrir eran sus propios fantasmas. Él no sabía como dominar y destruir aquellas fuerzas del interior y le indiqué que la única forma era el olvido y tratar de sustituir sus vivencias negativas haciéndose consciente de su realidad física y sus tendencias eróticas hacia la mujer. Tenía que potenciar todo aquello que sentía en positivo: erotismo, amor, confianza, alegría... emociones positivas ligadas entre sí, que vividas intensamente ayudan a vencer el temor y la tristeza, y a desarraigar su tendencia a la destrucción.

No cabe duda que tenemos que aceptarnos como somos, y los adolescentes se encontrarán tarde o temprano a sí mismos con su propia realidad. Y comprenderán, *grosso modo*, muchas de sus tendencias profundas, que tendrán que asumir, aunque la realidad del mundo social las reprima y margine. Ellos tienen que saber aclararse consigo mismos, haciendo caso omiso a tanta imaginación patológica como existe en nuestra sociedad del malestar permanente. La sexualidad está profundamente arraigada en toda la naturaleza para una finalidad: la procreación. Sólo los seres humanos tenemos el privilegio de utilizar esa energía para nuestro gozo y disfrute y es en nuestra adolescencia donde nos orientamos por los caminos que consideramos se ajustan a nuestras tendencias. *Si a los hombres les gustan profundamente las mujeres o viceversa, es absurdo imaginar otras prácticas.* Potenciemos la sexualidad y el erotismo que nos causa profundas sensaciones de felicidad y gozo.

CAPÍTULO VII

LA DEPRESIÓN EN LOS NIÑOS Y JÓVENES

Para que se entienda qué es la depresión, será necesaria una breve explicación de la misma. La depresión es un trastorno del sistema nervioso central, parte del cuerpo que, junto con las glándulas endocrinas, produce casi todas las sustancias químicas que precisamos para vivir; las sustancias químicas que nos hacen dormir y sentir hambre, que regulan nuestros impulsos sexuales y nuestros apetitos. Y que permiten, sobre todo, que nuestro cerebro funcione, que pensemos y razonemos. Por alguna razón, las palabras sustancia química se asocian de manera inmediata con laboratorio. A las sustancias químicas que produce el organismo se les llama hormonas. Este término tiene también una connotación engañosa. Hormona ha pasado a relacionarse primordialmente con las funciones sexuales. Es un fenómeno extraño, si consideramos que las hormonas que produce el organismo son mucho más numerosas que las sexuales.

Aunque los médicos saben cómo se manifiesta la depresión, saben muy poco sobre sus causas. Es algo similar a la concepción que tenemos de la electricidad. Desde hace mucho sabemos casi todo lo relativo a cómo actúa la electricidad, pero en realidad hace muy poco que descubrimos por qué actúa de una forma determinada.

En la depresión, la causa (sea la que sea) crea un desequilibrio de las sustancias químicas del sistema nervioso central. Las hormonas más concretamente afectadas son las que se utilizan en la función cerebral. Por la razón que sea, se producen muchas más o muchas menos de las hormonas necesarias. Los síntomas más evidentes de este desequilibrio se manifiestan en el sector del pensamiento y la conducta, por lo que se presta escasa atención a los síntomas físicos de la depresión. pero no hay duda de que estos síntomas psíquicos son secundarios y de escasa importancia: estreñimiento, alteraciones gástricas, dolores de pecho y de cabeza... Pero aunque sean molestias de poca importancia, para el joven deprimido son físicamente un infierno.

No quiero decir con esto que en la depresión no influyan factores emotivos. Pero como se sabe tan poco de la enfermedad, es el viejo problema del huevo y la gallina. La mayoría de los individuos que sufren una depresión tienen, o han tenido, problemas emocionales. Pero, ¿son los problemas los que han provocado la depresión o son en realidad resultado de la depresión crónica?

Para entender por qué se origina esta enfermedad, con ciertos síntomas mentales y emotivos, hay que saber primero cómo funciona el proceso químico del cerebro. Las sustancias químicas que intervienen en la función cerebral se denominan aminas biogénicas en vez de hormonas. Son compuestos formados por aminoácidos. Estas aminas biogénicas son las pieza clave de varias proteínas. En realidad cada una de estas sustancias químicas es por sí sola una proteína y se utiliza para alimentar o formar otras partes del organismo.

Podemos comparar el cerebro a una computadora. Se compone basicamente de un banco de memoria, millones de células cerebrales que portan, cada una, una pequeña fracción de datos. Esta fracción carece de sentido en sí misma. Es como una pequeña pieza de un código que, cuando se combina con centenares o miles de otras fracciones de datos relacionadas, componen una frase completa. Pensemos en un ejemplo más visual: miremos detenidamente una fotografía de un periódico. Está compuesta de un número incontable de puntos de diversos matices de negro o gris. Un solo puntito no transmite información alguna, pero la ordenación adecuada de los puntos, cada uno con su tono adecuado y su lugar correcto, compone una imagen que transmite un significado a cualquiera que la contemple. Podemos comparar estas células cerebrales con un sector minúsculo de información, con un punto de una fotografía de periódico. Hace falta un gran número de células o puntos para componer una unidad completa de pensamiento o de acción, o para componer la fotografía de un periódico.

Las células cerebrales transmiten sus datos mediante un minísculo impulso eléctrico. Estos impulsos eléctricos son el método por el que el cerebro procesa la información. El proceso es tan complicado que resulta asombroso que funcione. El cerebro debe examinar ideas conscientes e inconscientes, rechazar lo insignificante, utilizar lo importante para decidir qué pensamiento o acción es adecuado, y seguir concentrándose en lo que está pasando en el momento. Las ideas y percepciones que participan en este proceso pueden haber exigido datos de cientos y miles de células cerebrales, cada una de ellas lanzando su impulso eléctrico. Estas cargas eléctricas viajan por la corteza cerebral, la parte del cerebro que recoge la información y la traduce. La corteza cerebral absorbe todos los impulsos eléctricos de las células, los diferencia en grupos relacionados cada uno con una idea o una acción, y los integra. Luego, traduce toda la masa de información en una idea o una acción útiles.

Después entran en acción las leyes de la física, a pesar del medio, y la electricidad del cerebro actúa de modo similar a como lo hace la electricidad en todas partes. Para llegar adonde debe, necesita un conductor. Cuando se quiere enviar una carga eléctrica, se utiliza un cable para transportarla. La electricidad de las células cerebrales llega a su destino a través de un cable formado por una cadena equilibrada de sustancias químicas, las aminas biogénicas.

Cuando un estímulo externo o procesos mentales estimulan la actividad eléctrica de una célula cerebral, el impulso viaja hasta la corteza cerebral por esta cadena química. La composición de este conductor es tan delicada que los científicos no tienen medio preciso alguno de calcular la cuantía de las sustancias químicas que participan en su formación. Pero si este equilibrio se altera, aunque sea en una cuantía levísima, cambiarán los efectos de los impulsos eléctricos cuando lleguen a la corteza cerebral. Con esto, puede distorsionarse toda la unidad de pensamiento o acción. Algunos sectores del mensaje pueden llegar tarde, o nunca, a la corteza cerebral.

La corteza cerebral carece de capacidad de juicio y de discriminación. Funciona con la información que recibe. Este sector del cerebro, que envuelve por fuera la sustancia gris del cerebro, no piensa por sí mismo. No puede percibir si las innumerables transmisiones celulares con que trabaja compone una unidad distorsionada. La corteza cerebral hace su trabajo y presenta su producto terminado sin pruebas de exactitud. El individuo al que su cerebro le ofrece ese pensamiento o esa acción, tampoco tiene medios de juzgar y controlar su exactitud. Por tanto, si la corteza cerebral compone una señal alterada, el organismo actúa en consecuencia, sin vacilar. De ahí que los síntomas de la depresión (falta de confianza en uno mismo, indecisión, angustia, y confusión) no pueden eliminarse sólo con terapia verbal. Estos sentimientos nacen como resultado directo de la distorsión del proceso mental. En el fondo, la terapia verbal pide al paciente que no crea lo que su razón y su capacidad de percepción le dicen; esta técnica podría resultar eficaz si el terapeuta pudiera dar además algo que sustituyera esas percepciones erróneas. Y eso es imposible. La terapia verbal es una valiosa ayuda en la depresión, pero no conseguirá curar las depresiones graves si no va acompañado de medicación.

Depresión en los niños y jóvenes

Durante una convención médica reciente, se organizó un grupo especial sobre el suicidio entre los pacientes. Un médico que está especializado en el tratamiento de la depresión, explicó a sus colegas: «Creo que podría decirse que el suicidio no es, ni más ni menos, que un caso mortal de depresión.»

Era cierto. No estaba dramatizando. Todos los médicos que tratan esta enfermedad, pueden citar a un paciente, al menos, perdido por suicidas. Mas del noventa y cinco por ciento de suicidios, sufrían una depresión. Y la cifra resulta más aterradora si consideramos que el suicidio es la causa principal de muerte entre los quince y los veinticinco años. La depresión tiene muy poco que ver con la edad, aunque algunos periodos de la vida son más propensos que otros a la depresión. La depresión endógena, dado que es un trastorno bioquímico, puede atacar sin trauma alguno por acontecimientos desgraciados. Es otro motivo de que la depresión resulte difícil de diagnosticar hasta que el mal alcanza un grado alarmente. Suelen darse casos de esta enfermedad en niños muy pequeños, a veces en niños que aún no han aprendido a hablar. Es raro que pensemos en algo como la depresión en relación con niños, pero los psiquiatras especializados en la infancia informan de un creciente número de casos clínicos. Existen indicios claros que pueden permitir a un padre identificar la depresión de un niño. Los niños que están sanos son activos, y todos los niños sanos pasan por periodos de juegos molestos, carreras, gritos y chillidos. El niño deprimido está inerte. No muestra indicio alguno de entusiasmo por causa alguna. Olvida sus juguetes favoritos. Puede incluso eludir las relaciones con los amigos y refugiarse en una soledad inerte. Incluso cuando forma parte de un grupo, el niño se mantendrá aparte, sin participar en actividad alguna. Los deberes se convierten en una rutina insoportable, mucho más que para los niños que sólo quieren estar fuera jugando. El niño deprimido se pasa horas delante de unos cuantos problemas sencillos de matemáticas. Puede empezar a portarse mal y pasar por periodos de rabia y agresividad.

Los padres, al vivir en contacto continuado con el niño, quizá no perciban este cambio, porque no se presenta de la noche a la mañana. *Un profesor será capaz de advertirlo, pero nunca se puede estar seguro de que lo comunique de inmediato a la familia. Los profesores tienen tantas cosas de que ocuparse qué pocas veces disponen de tiempo para citar a un padre, a menos que suceda algo radical y evidentemente negativo.* En consecuencia, si se percibe indicios como que el niño pierde el curso, que no tiene interés por las actividades externas o que experimenta una disminución de energía y sobre todo que tiene períodos de conducta violenta súbita, no es mala idea hablar con el profesor del muchacho y ver si ha advertido el cambio alguna persona más. Eso, por supuesto, siempre que el niño sea incapaz de analizar el problema o no saque el tema a colación primero. Es fácil comprobar que en caso de depresión, los niños son bastante inconcretos: «No sé lo que me pasa, pero me siento triste últimamente.» O: «No me pasa nada, ¡déjame en paz!»

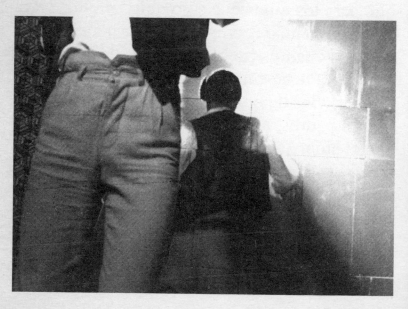

En niños mayores y en adolescentes, la enfermedad suele crear una súbita tendencia a la conducta atolondrada. El niño puede integrarse en una banda juvenil o empezar a conducirse atropelladamente. Una de las cosas más peligrosas que suelen pasar en este caso es que se hunda en el mundo de las drogas. Dado que una droga relativamente suave, como la marihuana, no proporciona escape al dolor de la depresión (en realidad la empeora con bastante frecuencia), suelen utilizarse otras más fuertes y más peligrosas. La cocaína es tan cara, que pocos padres tendrán que preocuparse de que su hijo se aficione a ella. Pero no sucede lo mismo con la heroína ni con las pastillas. El individuo deprimido, niño o adulto, puede tomar heroína y sentirse mejor durante un tiempo, pero cuando se ha convertido en adicto, la droga deja de producirle efectos euforizantes y no le proporciona ya ni siquiera una sombra de evasión del dolor que la depresión le produce. Esto se deba que a que la heroína, los barbitúricos y los tranquilizantes son, todos ellos, depresores del sistema nervioso central. Si la dosis es excesiva, se paraliza el sistema respiratorio y sobreviene la muerte. Las anfetaminas seguirán proporcionando energía artificial durante un tiempo más, pero el índice de tolerancia desciende y hay que tomar más cantidad de estas peligrosas pastillas para conseguir los mismos efectos. Con las drogas de «marcha», el usuario puede dejar de comer y de dormir. Esto puede traer como consecuencia lesiones cerebrales (se producirá si se utiliza la sustancia en abundancia y por periodo prolongado) y hasta producir la muerte.

El problema es que muchos jóvenes depresivos buscan la muerte. La conducta imprudente, que incluye riesgos mortales, y las sobredosis de drogas, que también suelen ser mortales, pueden ser medios de no enfrentarse al verdadero deseo: el suicidio. Pocos jóvenes, incluso estando deprimidos, admitirán directamente ante sí mismos que preferirían estar muertos. Por eso la tentativa de suicidio de un adolescente suele conmover a todo el mundo. Aunque haya indicios velados, nadie suele tomarlos en serio, pues, en realidad, son cosas que dicen los niños, y los niños no se suicidan, claro.

Algunos indicios de depresión pueden estar enmascarados si el niño es muy aficionado a ver la televisión. El que permanezca durante horas sentado frente al televisor puede ser una conducta normal. El niño deprimido, sin embargo, está como en trance. No retiene lo que pasa en la pantalla. Si se observa que el niño ve más televisión o que ésta se convierte en algo importantísimo para él, se puede comenzar a formular preguntas. ¿Qué viste? ¿Cómo era? ¿Qué hubo antes de este programa? ¿Cómo terminó?

No hay que formular esas preguntas como un inquisidor, sino implicarse en el asunto. Charlar sobre los programas. No crear una sensación de recelo en el niño, ni despertar sospechas sobre lo que pueda andar buscando. Hablar, en fin, normalmente. Pero estando atento a lo que el niño ha retenido de lo que ha estado viendo por televisión. Si se observa que ninguno de los programas le dejó impresiones, entonces es el momento de pensar que puede estar sufriendo un episodio depresivo y de empezar a buscar otros indicios de retraimiento.

Pero también se ha de tener en cuenta que estos síntomas pueden indicar otros trastornos. Suelen presentarse en cualquier tipo de alteración, mental o física. No hay que precipitarse juzgando porque el niño haya pasado unos días algo deprimido. Sólo se deberá empezar a comprobar seriamente cuando las alteraciones de conducta se prolongan varias semanas.

Igual que los niños mayores evitan afrontar la idea del suicidio pero pueden empezar a actuar de modo que bordeen la muerte, los niños más pequeños (preescolares) despliegan impulsos destructivos de manera casi subconsciente. El doctor

E. R, de la Universidad de California (Los Ángeles), trata a niños deprimidos. Dice: «Hace poco, hemos visto determinar que los niños pueden padecer graves sentimientos de pérdida y de frustración... de amor propio y cólera, que es lo que queremos indicar cuando decimos que los adultos están deprimidos. El niño no dirá nunca: "Me siento deprimido, no tengo apetito, nada me interesa, quiero suicidarme." Pero los niños pequeños que tienen esas sensaciones podrían, por ejemplo, pegarle una patada al vecino para que mamá les castigue. O podrían tirar algo que estiman.»

El doctor R. opina que los padres pueden localizar los síntomas de depresión en niños muy pequeños si se fijan lo suficiente en su conducta, de modo que perciban cuándo hay un cambio de actitud. Menciona comportamientos insólitos, como el niño que retiene ya la orina pero que de pronto empieza a orinarse otra vez en la cama, o la aparición súbita de pesadillas que indican que algo va mal. Hay también otros indicios, como que el niño que antes se llevaba bien con los demás empieza de pronto a enfadarse con los amigos. Debe observarse también el rendimiento escolar.

El doctor R. dice que un signo importante es que el niño que antes se desenvolvía bien en el colegio y se relacionaba bien con los demás, pase a tener problemas de conducta y de aplicación.

La depresión en los niños se da, pues, a cualquier edad; pero hay etapas posteriores de la vida en que las probabilidades de que se presente el mal son mayores.

Señales de alarma

Señales de alarma de la depresión en los adolescentes según la experta en psicología aplicada, Alejandra Vallejo-Nájera:

— Baja autoestima, imagen destructiva de sí mismo.

— Profunda tristeza. Llora a solas sin motivos y lo hace con frecuencia.

— Vacío emocional. En ocasiones, este sentimiento les induce a buscar estimulación constante. Se embarcan con entusiasmo en actividades excitantes que abandonan de forma repentina e inmediata para buscar desesperadamente cualquier otra capaz de hacer desaparecer o aliviar el agujero negro que hay en su vida.

— Insomnio o, por el contrario, más horas de sueño que lo normal (puede llegar a dormir entre diez y catorce horas, pero se levanta como si no hubiera dormido en absoluto).

— Cansancio desmesurado por culpa del insomnio.

— Pesimismo. En ocasiones se extiende a su propio cuerpo: se queja de dolor de cabeza o de estómago. No practica ningún deporte, porque explica: «todo me duele» o «nadie me quiere en su equipo.»

— Sentimiento de culpa por acontecimientos del pasado que ya se habían superado: «Aquel perro que hubo que regalar porque yo no me ocupé de él.» «Ella me dejó, porque yo me porté como un cerdo.»

— Ansiedad, tensión y nerviosismo que las chicas, en especial, intentan mitigar mediante la ingestión de alimentos.

— Falta de atención, confusión, desorientación (repentinas).

— Huida de toda relación social.

— Apatía para realizar cualquier tarea cotidiana: hábitos higiénicos, colaboración en el hogar, en el colegio...

— Falta de ilusión estímulo ante cualquier premio o logro.

— Bajo rendimiento académico (repentino). Dificultad de concentración: «Aunque intente prestar mucha atención, no puedo recordar nada de lo que dice el profesor.» No suele conectar su fracaso escolar con el estado emocional negativo.

— Incapacidad para disfrutar con lo que antes le gustaba.

— Irritabilidad, violencia contra los padres y hermanos que a veces se acompaña de conducta antisocial.

— Tentativa de suicidio.

Una depresión se detecta cuando el afectado padece al menos tres de estos síntomas durante un periodo de dos semanas seguidas. El psiquiatra debe llevar a cabo el tratamiento.

CAPÍTULO VIII

LA FIEBRE DEL VIERNES, SÁBADO Y DOMINGO NOCHE

Recientemente, en el programa de televisión «Informe Semanal», se ponía en evidencia la situación en muchos casos graves de las tendencias de nuestros adolescentes y jóvenes. Esta experiencia de la realidad viene a corroborar todas las conclusiones objetivas que he ido esgrimiendo a lo largo de todo el libro.

Es un sábado noche y una ambulancia del SAMUR atiende a determinados jóvenes que por unas irreflexivas copas de más, no pueden mover sus cuerpos. Allí se han quedado, mareados, paralizados momentánemante, por culpa del efecto embriagador del alcohol y las drogas, causantes de la modificación de sus estados de ánimo. Sus cerebros son incapaces de coordinar los movimientos armónicos para poder andar con normalidad.

En el portal de una casa se encuentra un joven sentado en el suelo, inmóvil y un tanto perplejo por los efectos del alcohol. Las estadísticas nos hablan de un gusto desmedido e inexplicable por la bebida; lo vemos a diario en las calles y se tolera social e irresponsablemente su consumo. Un joven médico sale de la ambulancia y se dirige hacia el chaval:

—Estás adormilado, por lo que veo...

—¡Hombre...! dice el muchacho medio atolondrado.

—¿Qué tal te encuentras?

—Yo... ¡Uf...! No me puedo ni mover, niño.

—¿No te puedes mover?¿De dónde eres?

—De Usera.

—Pues tienes acento andaluz, hijo —le dice el doctor en broma.

—¡Qué va! Yo soy de Usera... —entre el doctor y su amable compañera intentan ayudarle para ponerle en pie.

—Te vamos a levantar un poquillo, ¿vale?

—Vamos a ello —le ponen en pie agarrándole de los brazos y manos

—¡Ay, qué mal, madre mía! —exclama como si al levantarse todo le diera vueltas en su cabeza. La sensación es desagradable y la situación de este joven también. Es la una de la madrugada de un viernes y escenas como esta se repetirán al menos una docena de veces en lo que queda de noche.

—A ver, ¿qué has bebido?

—Pues... calimocho y whisky

—¿Mucho?

—Dos cubatas de whisky... y... medio... más... o menos —el fenomeno de la litrona o del botellín es un ritual que se repite cada fin de semana en la inmensa mayoría de las ciudades españolas. El cuarenta por ciento de estos jóvenes acabarán alcoholizados.

—Yo me bebía los fines de semanas cuatro o cinco botellas —decía presumiendo un joven de dieciocho años, amigo de parranda de la víctima.

—¿Y qué adelantabas con eso? —le increpa una señora de edad.

—¡Cogerme un pedazo de puta madre!

—¿Te divertías más así? ¿Por qué?

—No sé. Por supuesto, e incluso ligaba más. De otra forma no me comía ni una rosca... ja, ja, ja... —voceaba su ignorancia el adolescente

—¿Sabes lo que te digo?, que eso es que no tiene control ni personalidad. Esta es la juventud que tenemos en el siglo xx...

—¡Esta es la juventud que habéis creado vosotros los adultos! No la que tenéis... la que habeis creado vosotros —le dijo el joven aparentemente resentido.

—¿La que hemos creado? ¿Quien? No, no, no...

—Sí, sí, sí... la que habéis creado —aquel joven arremetía contra aquella mujer, entendiendo que era como la representante de todos los culpables de la desastrosa sociedad en la que estaba incomprensiblemente inmerso. La mujer siguió discutiendo, defendiendo sus razones.

—No, no... este es el mundo que habéis escogido vosotros. Perdona

—El mundo que hay.

—No, no. Nosotros teníamos unas inquietudes. Vosotros no tenéis ninguna. La unica inquietud que tenéis es que si los garitos los cierran a las doce de la noche, pues...

—¡Bah, bobadas! Lo importante es vivir de prisa, morir joven y al final tendrás un bonito cadáver... ja, ja, ja... —aquel joven se tomaba a broma aquella conversación.

* * *

Este lema, que fue casi una declaración de principios entre la generación de los años sesenta, parece haber revivido también entre la juventud de hoy. Hoy vivir deprisa es una manera de vivir la vida sin compromisos, que adquiere todo el sentido lúdico y compulsivo durante el fin de semana. En esta nueva cultura, el alcohol se ha instalado como la droga más asequible para jóvenes y adolescentes que buscan fuga y diversión por encima de cualquier otra cosa. Los expertos afirman que existe un claro binomio entre el consumo abusivo de drogas y alcohol y las tres causas más extendidas de mortalidad adolescente: accidentes, homicidio y suicidios. La deshumanización de millones de jóvenes es un claro indicio de que algo funciona mal y esto no es sólo una opinión subjetiva de unos pocos idealistas como yo. La terrible realidad destruye esa «enfermiza normalidad» del acomodo de estas sociedades del malestar permanente. ¿Quién se encuentra en su sano juicio hoy día? ¿Quién puede estar impasible, ciego ante la evidencia? Vivimos en una sociedad neurótica y esta es una causa justificada de la deshumanización. La depresión, la fatiga, la incapacidad para encontrar trabajo, la incapacidad para trabajar, el fracaso de las relaciones amorosas... y tantos y tantos males que nos acechan, son evidencias de un claro deterioro. Pero, ¿somos todos los adultos culpables del deterioro de nuestros jóvenes? Las causas son muy diversas, pero hay un factor común que nos afecta a todos: *La deshumanización*. Esta terrible decadencia destruye todo lo que no se encuadre en la logica aplastante de la economía y el mercado, sea el que sea.

* * *

—No, no, no... a mí me hacen mogollón de gracia estos programas de televisión donde sólo hablan de la degradación de la juventud. ¿Que cómo nos lo pasamos? Pues nos lo pasamos perfectamente bien, igual que se lo pasaban nuestros padres y nuestros abuelos y ellos (...) y nadie les decía que eran unos alcohólicos juveniles. ¡Eso es mentira! Nosotros no somos alcohólicos. Toda la juventud no es alcohólica —dijo una chica de diecinueve años enfadada por el trato que se le estaba dando a lo que ella consideraba una forma «normal» de divertirse y pasárselo bien.

—Pero no me negarás que esto empieza en muchos casos a las dos de la mañana y termina a las dos o las tres del día siguiente con un pedo de narices. ¿No?

—¿Y qué pasa, colega? De lo que se trata es de vivir intensamente, y no hay nada como revolver la química para salir de la rutina y el aburrimiento que nos ha metido esta mierda de sociedad en el cuerpo. ¿O no? ¿No es una mierda? Pues nosotros tenemos que evadirnos de alguna forma de la mierda de la «depre» que llevamos dentro —dijo otro muchacho con profundo resentimiento hacia la sociedad.

* * *

Un experto comenta: «—Lo que se ha producido en nuestro país es un cambio del patrón del consumo. Es decir, antes uno podía salir a divertirse y consumía en el contexto de la diversión. Podía incluso pasarse e ir un poco más contento. Ahora lo que sucede es que hay un grupo de jóvenes que empiezan la noche consumiendo con la intención de colocarse con el alcohol y después ya viene la diversión. Claro, esto es una diversión condicionada, porque ha empezado la noche con mucha más sobrecarga del alcohol inicial.»

El último informe sobre el plan nacional sobre drogas, dibuja a estos jóvenes como nuevos drogadictos. Como personas integradas en una familia y que pueden llevar una vida más o menos normal y sana, aunque tengan problemas de soledad y falta de atención. Los datos del informe revelan además que doscientos ochenta mil españoles de entre quince y veintinueve años se emborrachan cada día, y esta cifra se triplica cada fin de semana.

—Después de terminar los examenes, pues estamos aquí relajándonos un poco. Después de tanto estrés durante un mes, o más o menos un mes, pues queremos pasarlo un poco divertido —dijo otro joven.

—¿Que por qué bebemos? Pues para que se nos quite la vergüenza... —dijo una chica aparentemente ingenua.

La plaza Mayor de Cáceres es desde hace años una fortaleza etílica a la que acuden cada fin de semana miles de jóvenes y adolescentes. Autoridades y organizaciones juveniles han llegado a constituir la llamada «mesa del botellón» en un intento de controlar el consumo abusivo de alcohol, aunque a decir verdad no parece que las resacas hayan disminuido. A esa misma hora en Madrid, la boca de metro de Tribunal es un hormiguero del que salen poco a poco cientos de chicos entre quince y dieciochos años. Uno de ellos con pinta de más adulto se encargará de comprar una botella para el resto del grupo. Aunque la venta a menores esté prohibida, hay comercios que han hecho del botellón toda suerte de negocios. Por trescientas o cuatrocientas pesetas el joven bebedor tiene la borrachera de la noche garantizada.

—Algunas de las consecuencias son realmente dramáticas —dice el doctor que sigue atendiendo al joven imposibilitado por el alcohol—. Por ejemplo las intoxicaciones agudas incluso con peligro de muerte. Hemos tenido a veces jóvenes de trece y catorce años, prácticamente niños, con intoxicaciones masivas que por beber, a veces por pruebas y por empezar a tomar una botella de licor prácticamente de una forma continua, han llegado a presentar comas etílicos incluso mortales. Las heridas por embriaguez, las agresiones y la perdida de conocimiento son las consecuencias más frecuentes de este tipo de borracheras.

—En el fin de semana, pues... son gente joven que... sobre todo por lo que ha dicho mi compañera... que cuando terminan los exámenes es cuando... están deseando que terminen los exámenes tanto si es en febrero como en junio, para pillarlas... Eso a estas horas; más tarde, vienen las agresiones, pero luego al día siguiente te recuperas —dijo otro joven.

A nuestro amigo imposibilitado le llevaron a la ambulancia y le tendieron en una cama. Allí el doctor y sus auxiliares ayudaron a este joven a salir de su estado de embriaguez

—¿Cómo te encuentras ahora?

—Ahora, de puta madre, calentito y todo, macho. ¡Ya ves, de lujo!

—¿Vas a tomar medidas para no verte en estas circunstancias?

—Sí, sí... yo ya me tomaré un cubatita de vez en cuando, pero no más.

Cada año el consumo de alcohol tiene un coste sanitario de cincuenta mil millones de pesetas. Beber sin control, es la causa del setenta por ciento de las separaciones y del cincuenta por ciento de los accidentes de tráfico. Por haber dado prueba de alcoholemia ha sido encarcelado esta misma semana un joven de veinte años que causó la muerte de otros tres jóvenes en la provincia de Huesca. Un reciente informe de la Dirección General de Tráfico revela que seiscientos cincuenta mil españoles podrían estar conduciendo con tasas de alcohol por encima de las prohibiciones. El consumo abusivo de alcohol no genera un deterioro físico inmediato entre los bebedores más jóvenes, pero al cabo de cuatro o cinco años empiezan a aparecer los primeros trastornos físicos y psicológicos que acentúan si cabe el deterioro familiar.

—¿Tú cuándo empezaste a beber? —le pregunta un informador a una joven que está en fase de rehabilitación.

—Pues hace muchos años ya. Trece años.

—¿Y por qué empezaste a beber?

—Pues estuve en un internado y... yo qué sé...
—la joven intenta recordar. Su expresión es de tristeza y arrepentimiento— me dieron a probar y me gustó... y ahí empecé.

—Pero, ¿tú te dabas cuenta de la situación y del peligro de acabar alcoholizada?

—Pero yo creo que la situación era que no me quería dar cuenta, ¿no? O sea, me parecía que no pasaba nada. Yo venía bebida un sábado o un viernes y, bueno, pensaba que estaba simplemente pasándomelo bien, ¿me entiendes? Pues como lo hemos hecho todos...

En el centro «Proyecto Hombre» donde se está rehabilitando esta chica, se ofrece tratamiento terapéutico a jóvenes y adolescentes que tienen o han tenido problemas de dependencia con el alcohol y las drogas.

Un experto de este centro opina que: «Le podemos echar la culpa a muchas cosas. ¿Eh? El joven tiene una parte de responsabilidad (...), de decir sí o no cuando se toman determinadas decisiones, como es el consumo de determinados tipos de sustancias. Estamos hablando de cuando un joven llega al mundo de los adultos y se está asustando, del tinglado que hay montado... Se asusta porque la vida vale mucho esfuerzo. La vida cuesta mucho. Y un joven que vive en la monotonía; que no disfruta; que quiere participar en el fondo sinceramente con la sociedad y no se le da una oportunidad mínima, se siente engañado, se le está frustrando, y no es de extrañar que tome decisiones evasivas, sin saber las consecuencias que puede traer el consumo de alcohol u otro tipo de drogas. Y podemos estar de suerte que no cojan metralletas y se carguen a diestro y siniestro como de vez en cuando salta a la actualidad, algún psicópata que nos pone los pelos de punta por sus masacres entre gente inocente. Pero si a un joven se le coge desde muy pequeñito, en el propio sistema escolar, y se le informa y además, se le dice que la sociedad tiene parte de culpa... se le pueden transmitir múltiples mensajes... Pero así, estamos encontrándonos muchos jóvenes que no tienen otra alternativa al ocio y al tiempo libre que meterse en grandes urbes de grandes ruidos donde se empapan de alcohol.»

Setenta chicos entre catorce y veintidós años asisten regularmente a estas sesiones. El problema no es sólo la dependencia de las drogas sino también el gran conflicto emocional que les crea la bebida.

—¿Cuánto tiempo hace que bebes? —le pregunta una señora a un joven de veinte años.

—Hace diez años... je, je, je... yo lo tengo bien asumido... je, je...

Nadie lo sabe, sólo yo, que a los veintisiete o a los veintiocho años me quiero ir para el otro barrio.

—Pero según lo que estás comentando aquí, a los veinticinco no llegas.

—*¡La vida es para jugársela, señora!* —dijo aquel joven con cierto resentimiento irresponsable y convencido, que tenía que ser así.

—*¿La vida es para jugársela?* —dijo la señora sorprendida de aquella respuesta repentina, y contraatacó con mucha más rabia, al intuir el profundo egoísmo ciego de aquella respuesta—: *Pero yo te digo que os la juguéis a vuestra carta, no a la carta de todos los demás, porque es que estáis jugando con vuestra vida y con la de los demás. Es muy bonito jugarse la vida cuando tienes a tus padres que te cubren las espaldas. ¡Eso es lo cojonudo!*

—Yo me iré de mi casa cuando tenga dinero. Ahora mismo no puedo porque no tengo un pavo. Pero cuando tenga algo de dinero... dejo mi casa y me olvido de todos —dijo el joven con el mismo resentimiento con el que arrancó inicialmente. Su forma de hablar ciertamente descubrían una personalidad con profunda rebeldía hacia su propia familia.

—Y yo te vuelvo a decir como madre, que entonces... *tengas un par de cojones para dar ese paso ahora mismo; no esperes a que te salga trabajo, porque es muy fácil estar a expensas de la sopa boba y sacando a los padres hasta las entrañas. ¡Ay, hijo mío, qué confundido estás!*

Todos los expertos en drogodependencias consideran que el ambiente familiar es el mayor desencadenante de consumo de alcohol. Pero el problema es más complejo; en una sociedad como la española, en la que no se considera beber el hecho de tomar seis copas, los jóvenes son la población más vulnerable, pero quizá también la más receptiva para encajar mensajes sobre un estilo de vida más saludable.

El consumo de alcohol en la adolescencia y la juventud

El alcohol sigue siendo en España la droga que más adolescentes y jóvenes han consumido alguna vez. El 85 % de los encuestados ha bebido al menos un vaso o copa de alguna de las cuatro bebidas alcohólicas cuyo consumo se explora en esta investigación: vino, cerveza, sidra y licores. Sólo un 15 % afirma no haber bebido nunca ninguna de ellas. La bebida que mayor proporción de alumnos ha consumido alguna vez en la vida es el vino (71 %). Le siguen la sidra

(64 %), la cerveza (60 %) y por último los licores (41 %).

A los quince años de edad, el 96 % de los chicos y el 90 % de las chicas han consumido alguna vez uno o varios tipos de bebidas alcohólicas.

Dentro de cada edad, los chicos se han iniciado antes que las chicas en el consumo de las bebidas alcohólicas, aunque las diferencias entre ambos sexos a este respecto tienden a disminuir a medida que aumenta la edad y apenas existen ya en los chicos y chicas de dieciséis años.

El vino es un caso especial, ya que sólo a la edad de once años existen diferencias significativas entre los chicos y las chicas.

La mayor proporción de jóvenes que no ha consumido alcohol se da en las grandes ciudades y en los hijos de padres o madres que son técnicos superiores.

Consumo actual

Sólo el 18 % de los encuestados no toma en la actualidad ninguna de estas cuatro bebidas alcohólicas. Se abstienen de consumir alcohol más chicas que chicos. Esta abstinencia disminuye radicalmente con la edad y apenas existe en los alumnos de FP.

Tanto en los chicos como en las chicas, la cerveza es ahora la bebida más consumida diaria o semanalmente, seguida de los licores. El vino y la sidra ocupan los últimos lugares. Ninguna chica de la muestra estudiada afirma consumir diariamente licores.

Toma una o varias bebidas alcohólicas cada día o semana el 21 % de la muestra. En el caso de jóvenes de dieciocho años, la mayoría (51 %) consume alcohol diaria o semanalmente. Este consumo diario o semanal de alcohol es más alto en los chicos que en las chicas y se incrementa fuertemente con la edad en ambos sexos. Es especialmente frecuente en el hábitat rural y menos frecuente en los hijos de los técnicos superiores que en los de otras categorías socioprofesionales.

[Datos aportados por la Dirección General de Prevención y Promoción de la Salud de la Comunidad de Madrid.]

Opiniones de adolescentes y jóvenes

«Beber es salir». Esta es la frase más reiterativa de los jóvenes comprendidos entre los quince y veinticinco años. Se bebe cuando se sale. Es por esto que el consumo de alcohol se da preferentemente durante los fines de semana y dentro del grupo. El alcohol está en la sociedad entera. Es un rito colectivo, grupal; un elemento de relación entre individuos. Ellos lo expresan así:

—Yo creo que va todo relacionado: salir, beber, el estar con los amigos.

—La bebida ya es una cosa instaurada, es un hecho social, te sirve para relacionarte en cualquier sitio; todo el mundo bebe, unos más otros menos. Pero ahora, más o menos con la movida, la forma de divertirse, discotecas... todo gira en torno al alcohol y siempre bebes ahí un poco con los amigos; yo creo que está demasiado exagerado.

—Cuando más se bebe es el sábado, que te sueltas. Después de haber estado toda la semana trabajando o estudiando, o las dos cosas, cuando tienes tiempo libre hay que aprovecharlo.

—Yo bebo alcohol siempre porque no sé..., estás deseando que llegue el viernes para tomarte algo con tus amigos o lo que sea, y te tomas una copa.

—Se bebe cuando se sale; o sea, se bebe los fines de semana, porque sales los fines de semana.

—Es que ya es como un hábito; o sea, estás toda la semana trabajando, un poco fastidiado, y llega el fin de semana y tienes ganas de salir, de pasártelo bien.

—O sea, es lo que dicen ellos, que te lo pide el cuerpo, que estás toda la semana ahí hecho polvo y el fin de semana te pide tomar una copita y pegar cuatro saltos; es cierto.

* * *

Los jóvenes beben cuando están desocupados y se sienten libres de estudio o de trabajo. Necesitan tener un medio para relacionarse entre ellos, que les cambie su estado de ánimo y produzca un efecto de deshinibición, entregándose al consumo de alcohol como un ritual. No se bebe entonces por placer, sino en un intento de sostener la relación del grupo. Esta es la gran paradoja del consumo del alcohol. Es así que cada cual bebe porque todos beben. El adolescente pierde su voluntad personal y se sujeta a una inercia mecánica puramente exterior sometida por el grupo. Es como un gran imán con una fuerza magnética poderosa que atrapa sin remedio. Llegando el viernes noche, las chicas se transforman. Se maquillan y muchas se visten cada cual con un concepto del vestido según las modas del momento. La sexualidad y en la mayoría de los casos un exceso de protagonismo les ciega.

* * *

—Si bebemos no es por que lo necesitemos; hay veces que sí te apetece algo, pero es más porque estás en el ambiente y sale, ¿no?

—Yo, si bebo, como no me gusta, es por dar voces y por aguantar la noche; entonces bebo cuando voy en panda. Con una persona sola, pues no.

—Voy con mi madre y no me tomo una cerveza. No porque me dé miedo, sino porque como no me gusta, entonces sólo bebo por la noche, y por la noche no salgo con mi madre nunca, pues en la vida me ha visto beber nada de alcohol. Entonces debe suponer que no bebo.

—Nosotros le llamamos «beber» a emborracharte; tomarte cuatro o cinco pelotazos todos los días, no es normal; lo normal es que te puedas tomar una cerveza en el aperitivo, pero «beber» es cogerla o tomar más de lo normal.

—Yo creo que el concepto de «beber» también es un poquito relativo, porque a mí el tomarme dos copas una noche tranquilamente estando hablando «como ahora», no es «beber». Para mí beber es salir una noche y tomarme seis o siete...

—Tú empiezas, ¿por qué? Porque si no, el grupo te aísla... por eso; y no bebes..., no bebes y el grupo te...

—No, a lo mejor no te aísla; a lo mejor lo que pasa es que tú, para sentirte más identificado con el grupo, bebes.

—Tú no bebes, pero tus demás amigos beben y llega un momento en que ellos se están partiendo la polla de todo y tú te sientes un poco fuera.

—Pero es que ahora vas a una discoteca y si no bebes... o sea... en mi pandilla hay mucha gente, y a lo mejor la mayoría bebe, pero luego si tú no quieres o no te apetece o no te gusta es que parece que eres rara, o que eres aburrida..., una tontería ¿no?, pero...

—Yo es que la verdad... cuando bebo, no es porque me guste, porque a mí el alcohol, puedo vivir sin ello, vamos, para nada. Vamos, mis amigas y yo, cuando bebemos, es porque... todo

166

el mundo lo hace (...). Y claro, como todo el mundo en Moncloa bebe, pues no vas a ir tú a Moncloa a pedir una «coca-cola»; pues ya que estás en Moncloa, pides lo que está ahí.

—El vino tampoco me gusta, pero cuando la gente bebe cañas, y a mí la caña no me gusta, digo pues voy a pedir un vino; y me lo tomo, pero porque el resto de la gente se lo está tomando, no porque realmente me guste.

—Porque si bebe todo el mundo y tú por ejemplo ya no puedes beber, pues yo por lo menos no me lo paso igual de bien, porque no llevo la misma marcha que lleva la otra gente.

* * *

Como estamos viendo en estas declaraciones, nuestros adolescentes carecen de fuerza de voluntad para imponer su criterio. Y en realidad sus opiniones suenan a «pavo». ¿La edad del pavo es una edad donde nadie posee otros criterios que no sean las drogas y el alcohol? ¿Siempre fueron así los adolescentes, tan dependientes del grupo? Resultaría estúpido que en estas condiciones alguno pidiera un vaso de leche para «beber». ¿Sería considerado como una mariconada? Entonces nuestros jóvenes tienen un serio problema y el alcohol como el tabaco un protagonismo de cine. El tabaco y el alcohol han sido manejados para consumir, asociándolos a los grandes ídolos de la pantalla. Esta costumbre, es una más de tantas, como día a día el *marketing* trata de convencernos para consumir. Un vaso de leche es sano y no hace daño, pero ellos tienen incrustado en sus cerebros los mensajes que la publicidad engañosa consideró importante. Tienen que ir con la corriente irrefrenable de la moda de coger el «pedo». El individuo queda atrapado como una necesidad de exteriorizar la relación con el grupo donde todos están imbuidos del mismo pensar. Es como si todos fueran hacia la muerte como evasión del profundo sufrimiento de vacío existencial. Como decía aquel chico: *¡La vida es para jugársela señora!*, y mu-

chos se la juegan en su profunda desorientación, hartos la mayoría, de la mala planificación social que existe en todos los sentidos, la falta de amor y del materialismo feroz que asola al mundo:

—Yo creo que la diferencia está entre los días de diario y los fines de semana; a diario, si sales algún día, un pelotazo, o la cerveza. Pero, vamos, *los fines de semana es a muerte.*

—Pues yo no. Entre semana voy a cuatro o cinco sitios y no bebo; pero *cojo un fin de semana y voy a muerte.*

CAPÍTULO IX

CONDUCIR AL ADOLESCENTE POR LOS CAMINOS DEL RESPETO, LA CONCENTRACIÓN, EL CONTROL Y LA RELAJACIÓN

Han tenido que pasar muchos años para poder comprender lo importante que es ejercer bien el papel de padre desde el respeto, el control y la no violencia. He tenido que sufrir muchas penalidades en el seno de mi familia para entender que algo fallaba en mi persona, para poder ejercer y desarrollar la responsabilidad del padre que ama a sus hijos y tiene capacidad de dominio sobre sí mismo para restablecer el orden y poner calma donde las tensiones y el descontrol innumerables veces creaban el caos. Mis hijos tienen veinte y veintiún años. Según los expertos ya han terminado su etapa de adolescentes y son adultos.

Hace tres años escasamente que empecé a tomar conciencia del problema que suponía tener en casa dos adolescentes que se faltaban el respeto continuamente, alterando la paz y el orden del hogar. El primer problema que encontré fue mi propia persona, pues no supe nunca poner orden, en un ambiente donde yo era, multitud de veces, culpable del desconcierto. En muchos momentos de dispersión y descontrol, y desde la infancia, sembré en ellos semillas de violencia. Y ya a la edad «crítica» brotaron como cardos punzantes envenenados. Por otro lado, no es que yo solo fuera la causa de tanto desajuste y desarreglo, sino que tomé consciencia de mis defectos y la influencia que ellos ejercían sobre mis hijos. Todos los acontecimientos de la vida influían muchas veces más que yo, y los dejaba atolondrados. Mejor, nos dejaban fuera de juego a todos, porque la vida en armonía en estas sociedades de la mentira, del egoísmo, de la apariencia, del ritmo trepidante... deja profundas huellas y nos hace mucho daño a todos. Era consciente de mi parte negativa, de la parte de mis hijos, de mi mujer y de la influencia del exterior. Y me pregunté muchas veces, ¿cómo podría ayudar a mis hijos? ¿De qué manera las tensiones se podrían reducir para que las cosas discurrieran con más calma? ¿Cómo podría restar violencia evitando ese exceso de ira que me surgía en cada momento y crispaba los nervios de mis hijos? ¿Cómo restar importancia a todos los acontecimientos y darles sólo el valor que tenían? ¿Cómo encontrar una salida, a tanta tensión y falta de dominio personal? ¿Cómo ser padre desde la responsabilidad y el control de mi propia vida? Porque evidentemente comprendí, que era desde mí mismo donde tendría que empezar a construir el equilibrio.

Tuve que hacer mucho esfuerzo para entender que un padre es amigo de sus hijos, pero sobre todo padre, y esa palabra es toda una carrera interminable que nadie enseña y que tenemos que aprender sobre la marcha. Necesitaba conocerme y, sobre todo, poner en práctica un valor muy importante y profundo: *El respeto*. Una palabra tan traída y llevada, y como todos los valores humanos desnaturalizados y pasados por alto en esta época superficial.

Comprendí profundamente la famosa frase: «Tu libertad termina donde empieza la de los demás.» Y la libertad de mis hijos muchas veces la sentía insignificante, carente de valor. Cuando eran niños pensaba que el respeto hacia ellos y el amor eran muy importantes, pero se mantenía en mi cerebro como una teoría, como otras tantas que no se llevan a la práctica hasta que nos vemos en un caso extremo. Tenía mucha importancia, pero en el fondo yo era el adulto con fuerza y mando y ellos las débiles criaturas manejables a las que se podía castigar a la más mínima. ¡Qué horror comprender la educación desde los castigos! ¡Qué horror no haber sentido la fuerza de mi corazón como la voy sintiendo poco a poco ahora a estas alturas de mi vida, donde la infancia de mis hijos ha desaparecido y queda el resultado de todos mis defectos y virtudes!

Mis hijos son buenos y de corazón. Dos seres que intentan superarse para ser mejores y eso me reconforta, pero muchas veces sus emociones se disparan y se hacen mucho daño, sin control. Yo también en los momentos de desánimo vuelvo a ser el que fui, pero con paciencia me renuevo de nuevo por dentro, para ser el que entiendo de verdad tengo que ser, desde el control de mis emociones, desde el rayito de comprensión y de amor.

No sé si el camino que comencé hace tres años les ha servido de algo; creo que sí, porque en todo este tiempo han tenido la oportunidad de verme cambiar, y yo he recibido los estímulos del aumento de sus respetos hacia mi persona. Porque vi muy conveniente empezar a valorarles y quererles de verdad. Un ser que se siente amado responde con amor. Le costará más o menos tiempo reaccionar, pero al final su respuesta es positiva.

Comprendí que para respetar tenía que dar marcha atrás a mi violencia personal, como bien me enseñaron y aprendí. Tenía que restar violencia y sobre todo aprender a observar y entender mis reacciones emocionales. Era difícil el camino, pero necesario, porque ante el caos violento y emocional que se estaba generando en mi familia, alguien tenía que empezar a crecer por dentro, para restablecer la calma. Era vano tratar de convencer a mis hijos para que fueran mejores y más buenos, cuando yo andaba por los cerros de Úbeda, disperso y atolondrado; sin rumbo, y desconociendo el profundo valor de ser padre de verdad. Había comenzado una larga carrera. Tarde, pero... *nunca es tarde si la dicha es buena*. Porque si con el cambio de mi vida, les ayudaba a ser mejores humanos y futuros padres auténticos... ¡bendita fue la hora en que empecé a comprender el sentido profundo del *amor y el respeto* hacia nuestros hijos.

La primera medida que tenía que tomar entonces era mi propia reforma de orden y control. Tenia que conocer mi contenido y por qué causas me desconcertaba tanto con ellos. No sabía las causas de mi irascible temperamento. Muchas veces mi mal carácter se empleaba bien a fondo con ellos por menudencias, que tratadas de otra forma, hubieran resultado incluso reconfortantes y educativas, pero mi ánimo se exaltaba con mucha facilidad. Desde luego no era buen educador. Tenía que conocer mi ira y por qué causas se producía. Fue difícil, pero logré aumentar mi capacidad de percepción y estar alerta a todo lo que producía *conatos de ira;* de esta forma logré controlarme, pero mi objetivo fue aprender a emplearme en los momentos más oportunos. Entendí que si existe esa gama tan extensa de emociones tendría una causa. Al conocer esta emoción y saber cómo brota, conseguía situarme en un plano de discernimiento muy importante.

Al principio, mis hijos no se dieron cuenta de mi proceso; ellos seguían manteniendo en sus mentes la imagen del padre que habían tenido siempre. Era muy pronto para que percibieran el silencio de mi voz estridente.

«La mente humana se resiste al cambio. No nos gusta tener que andar en nuestro archivo mental y cambiar de ficha algo con lo que ya estábamos familiarizados. Un alcohólico puede seguir mucho tiempo con la bebida sin darse cuenta (ni sus parientes, su esposa o su jefe) de que pasa algo y que hay que hacer algo. Un individuo al que se le considera buen trabajador puede mantener su reputación durante largo tiempo antes de que su trabajo deficiente haga que la gente cambie su opinión de él.» (Wina Sturgeon.)

Yo, ante mis hijos y mi mujer, pasé durante un tiempo largo sin que se dieran cuenta de que estaba cambiando. Es incluso ahora, y creo que todavía no se hayan dado cuenta.

Las faltas de respeto hacia mi persona, en formas de insultos o desobediencias, seguían como siempre. Todas estas reacciones eran el reflejo de mi falta de conocimiento y las malas formas que había empleado con ellos desde la infancia. Mis reacciones seguían cambiando: ante un grito desaforado mi respuesta fue el silencio. No discutía cuando ellos se llenaban de ira por el más mínimo incidente. Esta forma de conducta les desorientaba, haciéndoles pensar. De esta manera ganaba su respeto.

En otro tiempo consideraba que mi carácter tenía que ser más fuerte que el de ellos. Mi mentalidad absurda me decía que, como padre, tenía que ganarles, porque para eso era padre, y un adulto merecía ser obedecido, aun faltándoles a ellos. Pensaba que era indignante que un hijo se te subiera a la chepa para aplastarte. Cuando me levantaban la voz, yo gritaba más fuerte. A un insulto respondía con otros insultos, totalmente descontrolado. Éramos tres seres que se desgañitaban voceando para vencer una batalla donde todos salíamos perdiendo, porque la ira y el odio es veneno que intoxica la sangre y distorsiona la mente. Una incipiente manifestación de cólera era respondida con un trueno cargado de negativismo y con rabia, desde la profunda ignorancia.

A lo largo de toda la niñez y la adolescencia de mis hijos quise ser bueno con ellos, pero me costaba mucho trabajo encontrar la vía adecuada de superación personal para evitar las agresiones emocionales, que en muchos momentos podían haber sido malos tratos violentos. Di algún que otro tortazo o azote de los que me arrepentí siempre, pero, gracias a Dios, nunca me excedí con ellos.

¡Qué difícil y cuesta arriba se me hacía! Consultaba libros, pero la realidad era diversa y profunda y en muchísimas ocasiones me encontraba perdido. La adolescencia de mis hijos me hizo reaccionar. Los momentos más duros de mi vida y mi familia fueron éstos. Te ponen a prueba y si no has madurado y estás en las nubes, ellos se encargan de tirarte de ellas para que veas la realidad y la importancia que tiene el papel de ser padre. Y tienes que aprender, porque si no puede ser la ruina de sus vidas y la tuya propia. Hasta que entendí el proceso. No podía exigirles nada si yo no me exigía un cambio radical. En un ambiente alterado por un exceso de emociones negativas, la conciencia de la situación y el conocimiento tienen el poder de la transformación personal. Pero éstos no se adquieren así por las buenas; necesitan un proceso. Muchas personas, yo era una de ellas, hasta que no llegamos a situaciones límite, no somos capaces de movilizar la voluntad para cambiar. Muchos somos los que con una crisis profunda y mucho sufrimiento llegamos a comprender que necesariamente tendríamos que madurar y fortalecer la voluntad para superarnos a nosotros mismos, porque nuestros hijos dependían de esa transformación. Muchos padres permanecen en un estado de inmadurez infantil, e incluso tienen una mentalidad de adolescentes. Esta forma de ser choca cuando los hijos alcanzan la «edad crítica», porque lo que ellos desean tener profundamente es un padre que les guíe, y no un compañero de batallas emocionales dañinas. Mi falta de dominio se debía en mucho a tener una mentalidad inmadura. Al conocer mi verdadera naturaleza pude advertir esos rasgos que me hacían saltar a la más mínima ocasión, y multitud de veces por menudencias. Muchas veces me desconcertaba y por más que deseaba superarme, era inútil. Muchos análisis, reflexiones, silencio, relajación, paz interior... tuve que hacer para crecer por dentro y evolucionar hacia el conocimiento de mi propia naturaleza inconsciente, para desentrañar las causas que provocaban multitud de reacciones incomprensibles. Difícil tarea, pero no imposible cuando se ve la destrucción que produce la falta de madurez y, sobre todo, la carencia de amor, porque el odio que se genera en nosotros y en nuestros hijos nos deshumaniza. Hay momentos en que dan ganas de abandonarlo todo y me arrepentía de haber traído hijos al mundo. Todo esto era consecuencia del horror emocional negativo que me invadía y del que toda la familia se contagiaba. La ira, el resentimiento, la depresión... no cabe duda que nos deshumanizan y nos hacen sus esclavos, si todos los días entrenamos estos estados del ánimo para defendernos, en una guerra provocada por la falta de entendimiento y el egoísmo tremendo que cada individuo desarrolla para su propio beneficio.

Cuando traemos un niño al mundo, todos tendríamos que saber que aquel cuerpecito menudo crece en todos los sentidos y llegado un tiempo puede encontrarse con padres enanos mentales a los que les cantará las cuarenta por no haber madurado con coherencia. Y ellos no perdonan, son crueles con la debilidad y con los padres que no saben controlarse y les pierden el respeto. Porque una simple falta de respeto a un ser humano a lo largo de su existencia, y más en la infancia, es la primera chispa para generar el fuego abrasador del odio. Y a lo largo de la vida de nuestros hijos hasta llegar a la edad adulta, se generan multitud de situaciones que alteran la frágil estructura de las emociones.

Es difícil reconocer nuestros estados emocionales porque nacimos con ellos. Si nadie nos enseñó a conocerlos y a saber que son el fundamento de nuestra vida, ignoramos los beneficios y el deterioro que pueden producir. La familia es claramente emocional, tiene sentido y se equilibra desde las emociones nobles, pero está claro que todo en ella se mezcla y adquiere unas direcciones u otras cuando no hay conocimiento ni consciencia de su naturaleza esencial.

Todos los seres humanos nacimos llorando, y si no fue así, nos lo provocaron. Ese fue el primer grito desgarrado de nuestro mundo interior. ¿Qué siente un recién nacido? ¿Tristeza? ¿Contraste entre un mundo feliz y otro desconocido? Los niños lloran y después sonríen felices cuando son bien tratados. Y a medida que crecen, todo un mundo emocional diverso va desarrollándose en ellos. Y vemos cómo se manifiesta con toda normalidad. Y esa «normalidad» es la que hace invisible las distintas manifestaciones emocionales. Sólo aquellos que saben percibir la realidad del interior humano sabrán evaluar y descifrar los misterios del alma humana, los diversos estados del ánimo y podrán comprender el significado y las repercusiones de todo el complejo mundo emocional.

Reglas para relacionarnos con nuestros hijos desde la infancia

En este afán me ayudó mucho hacer un «Curso de Comunicación y Relaciones Humanas», de Dale Carnegie. En él aprendí técnicas fundamentales para tratar con mis hijos y con todo el mundo en general. Reglas como:

— *No critiques, no censures ni te quejes*

Todos sabemos el amargo sabor de las críticas, la censura y las quejas para la persona que las padecen. Estas tres palabras se ejercitan desde las emociones dañinas, los resentimientos, la envidia, la ira... Criticamos y censuramos demasiado a nuestros hijos cuando son pequeños, en su adolescencia e incluso cuando son adultos. Nos empleamos bien con ellos ignorando la repercusión que tendrá en sus vidas, porque cada crítica es una imagen negativa que incrustamos en su mente y ésta jerce un poder negativo tremendo desde la sombra de su subconsciente.

Un niño o un joven criticado es un joven humillado que lanzará su propio veneno hacia nuestra vida.

— Demuestra aprecio honrado y sincero

Si amamos a nuestros hijos les demostramos nuestro respeto y los apreciamos con toda la honradez del profundo amor que sentimos por ellos. No hay nada como el amor de verdad para construir sus vidas en el equilibrio y la alegría de vivir. De esta forma las emociones dañinas son superadas fácilmente para dar paso a una evolución equilibrada.

— Despertar en ellos deseos de viveza de ánimo positivo

Los pensamientos y sentimientos de valor desarrollan en el interior de nuestros hijos fuerza y coraje en la edad adulta. No les metamos en el cuerpo el miedo al «coco de la vida», porque estarán dominados, y desde la sombra del inconciente por los fantamas destructivos, que nuestra nefasta influencia provocará en ellos. Es mejor despertar el entusiasmo en sus vidas con imágenes poderosas de alegría y amor. Sus tiernos cerebros asimilarán pronto conductas sanas que a lo largo de toda su vida les servirán y podrán poner en práctica.

— *Interés sincero por nuestros hijos*

Si amamos de verdad, nuestro interés será puro, y nuestros hijos saldrán beneficiados de las poderosas emociones positivas que tienen las almas humanas. El niño que se hace adulto en esta forma de vivir seguirá los pasos de sus padres y los transmitirá de generación en generación.

No descuidemos los pequeños detalles, porque éstos forman el conjunto de nuestro buen comportamiento para con ellos. El buen espíritu está en todas las pequeñas cosas que hacen posible la vida.

Un interés sano y sincero genera jóvenes brillantes en la verdad de la vida.

— *Aprende a escuchar a tus hijos y anímalos para que sean buenos oyentes*

No hay nada más terrible que un padre que no sabe escuchar. ¿Cómo es posible de esta forma que se entere de que tiene hijos? Un padre de esta naturaleza nunca sabrá el contenido interior ni podrá sintonizar con todas las etapas de las que está formada la vida del ser humano.

Escuchar significa entender todos los matices del ser que crece, y de esta forma, entendiendo su naturaleza, podremos ayudarle a ser más feliz en su desarrollo.

Si sabemos escuchar, estamos enseñándoles a escuchar, y de esta forma se establecerá la comunicación necesaria para poder entendernos mejor.

— *Hablar de lo que interesa a nuestros hijos*

Cuando son pequeños les interesa todo lo relacionado con su poderosa fantasía. Cuando se hacen adolescentes hay un mundo diverso que les atrae y por el que podemos conectar. En esos momentos de la vida son ellos la importancia personificada y no hay nada mejor que llevarlos por el camino de su interés. No se trata de que hagamos lo que ellos quieran, sino de buscar puntos en los que apoyarnos para poder ayudarles a construir su personalidad.

— *Hacer que nuestros hijos se sientan importantes*

Nunca podemos olvidar, desde que nacen nuestros hijos, darles toda la importancia que reclaman. A un niño, por muy pequeño que sea, no podemos considerarle como algo insignificante. El gran error de muchos padres es no saber apreciar el significado tan enorme que encierra esa pequeñez y cuántas semillas positivas podremos sembrar en sus tiernas mentes, si somos conscientes de que cada atención que les demos es un estímulo positivo en su crecimiento. Cuando lleguen a la edad adulta, será la suma total de nuestra sana consideración hacia ellos, el poder de su autoestima.

— *La única forma de salir ganando
en una discusión es evitándola*

A lo largo de toda mi vida he discutido mucho con todo el mundo, pero en los últimos años he llegado a la conclusión de que no merece la pena perder tiempo y energías. Después, aun teniendo razón, no habremos conseguido nada, sólo disgustos y malestar.

Con nuestros hijos debemos cuidar no alterarnos por motivos vanos; ellos reaccionan a la más mínima, provocando multitud de veces un estallido emocional que siempre nos llevará a la violencia. Es mejor controlar nuestros ánimos desde el conocimiento inicial de las consecuencias que pueden traer las disputas.

— *Demostrar respeto por las opiniones
de nuestros hijos para no herir
sus sentimientos.*

Nuestros hijos merecen nuestro respeto en todos los sentidos. Cuanto más respeto sientan, más nos respetarán. Sus opiniones son dignas de ser escuchadas desde el aprecio y la atención más sincera. Cuando unos padres, con intención, hieren los sentimientos de sus hijos, se producen desgarros interiores y surgen los resentimientos y las depresiones. Se pierde el respeto y se siembran semillas de violencia y desequilibrio. Todas las opiniones de nuestros hijos deben ser tratadas con sumo respeto y cuidado.

— *Admitir rápidamente cuándo estamos equivocados*

No hay nada más perverso que unos padres que dan por cierto todo lo que dicen incluso cuando se equivocan. De esta forma sólo demuestran la ignorancia de su propia soberbia y esta actitud crea desequilibrios en los hijos y actitudes semejantes en la edad adulta. Sin embargo una actitud humilde por parte de los padres admitirá todos sus fallos, haciendo entender a los hijos que ellos no son perfectos y están en su derecho a equivocarse. Cuando un niño o un adolescente observa estos comportamientos, se sitúa en el plano de la realidad y se da cuenta que en la vida no todo es perfecto, entendiendo que se puede rectificar continuamente para seguir aprendiendo.

— *Mostrar simpatía por las ideas y deseos*
   de nuestros hijos

Los niños y los jóvenes son muy imaginativos y sus deseos son abundantes. Rechazarlos de plano nos llevará siempre a difíciles momentos de disputas. En un diálogo sincero podemos comprender sus puntos de vista y contrastarlos. Multitud de veces puede ser imposible el equilibrio, pues el poder de los deseos arrasa como un huracán. En esos momentos debemos tener calma y control de las emociones disparatadas de nuestros hijos. No ponemos resistencia, pero tampoco nos dejamos llevar. Ganamos la batalla cuando ven en nosotros atención, simpatía y diálogo. Si no se puede hablar, mejor callar que enzarzarse en discusiones imposibles donde la ira responde a su llamada.

En condiciones normales nuestros hijos agradecen que aceptemos sus ideas y las pongamos en práctica; de esta forma estamos ayudándoles a tener confianza en ellos mismos, lo que es tan necesario para sus vidas.

ÍNDICE